Handbuch
Patchwork

FRIEDERIKE KOHLHAUSSEN

PATCHWORK

ENGLISCH VERLAG

Handbuch-Patchwork / Friederike Kohlhaußen
Wiesbaden: Englisch, 1991, 3. Auflage 1994

ISBN 3 - 8241 - 0459 - 8

Umschlag und Innengestaltung Andreas Ruers.
Fotos Reinhard Berg.

Printed in Belgium

INHALTSVERZEICHNIS

1. EINFÜHRUNG

Patchworkquilts erfreuen sich seit einigen Jahren auch in unserem Land eines immer größeren Bekanntheitsgrades. Die Begeisterung auf Seiten der Quilterinnen wächst unvermindert, wie bei den Sammlern die Freude, auf wahre Raritäten beziehungsweise Unikate zu stoßen.

Quilts herzustellen war und ist, bis auf wenige Ausnahmen, eine Domäne der Frauen. Von alters her waren sie für die Näharbeiten zuständig, so ist es geblieben. Daß gerade in der heutigen Zeit dieses sehr aufwendige Kunsthandwerk immer mehr Anhänger findet, ist bemerkenswert. Der materielle Zwang, eine Decke zum Gebrauch anfertigen zu müssen, entfällt. Was also macht die Faszination von Patchworkquilts aus?

Wer sich ein wenig mit der Entwicklung von Quilts befaßt hat, wird feststellen, daß sich die Bestimmung des Quilts verändert hat. War er bei den Einwanderern in Neuengland ein lebensnotwendiger Gebrauchsgegenstand, so ist der Quilt für uns ein dekoratives Stück, das, vorwiegend für die Wand entworfen, ein erfreulicher Blickpunkt ist.

Diese Entwicklung zeigen nicht nur moderne Quilts in den USA, sondern auch in Deutschland. Der eingeschlagene Weg führt deutlich weg von den traditionellen Mustern zu sehr eigenständigen Entwürfen. Der Kreativität sind hier keine Grenzen gesetzt. Das Spiel mit Mustern und Farben, der Umgang mit Stoff ist das Geheimnis, das Quilter in seinen Bann schlägt.

Wer sich schöpferisch mit Stoffen betätigen, einen Quilt arbeiten möchte, sollte sich zunächst mit den gewachsenen, traditionellen Mustern und Techniken auseinandersetzen. Das vorliegende Buch wird dazu einen Überblick geben.

Vorab sollen ein paar Schlaglichter Geschichte und Erscheinungsformen des Quilts erhellen.

Ausschnitt aus „Inner City“
1984 von F. Kohlhaußen
105 x 140 cm
(siehe auch Seite 57)

1.1 Patchwork

Beginnen wir zunächst mit der Definition des Wortes Patchworkquilt. Der erste Teil ist Patchwork. Patch heißt in der englischen Sprache nichts anderes als Flecken oder Flicken. Patchwork bedeutet, mit Flecken zu arbeiten, zum Beispiel einen Flecken auf eine dünn gewordene Stelle aufsetzen. Diese Tätigkeit bezeichnen wir eigentlich als applizieren. Das Patchwork dagegen sollte so, wie es sich im Sprachgebrauch eingebürgert hat, piecework = Stückwerk heißen. Einzelne Stoffstücke werden zu einem neuen Tuch zusammengenäht.
Um keine Verwirrung aufkommen zu lassen, wird in diesem Buch weiterhin von Patchwork gesprochen, wenn es sich um piecework handelt, und von Applikation, wenn es um Patchwork geht.

Patchwork ist eine Technik, die für sich allein existiert und dies auch schon vor Zeiten tat. Mehrere englische und auch deutsche Bücher befassen sich ausschließlich mit der Geschichte des Patchworkquilts. Hier soll nur ein Eindruck vermittelt werden, daß Patchwork schon sehr früh in verschiedenen Kulturen verbreitet war.

Da Textilien von Natur aus keine allzu lange Lebensdauer haben, existieren nur wenige Funde, die Patchwork in alter Zeit belegen.

1. Eines der ältesten Beispiele ist eine Baldachindecke aus dem Jahr 980 v. Chr., die im ägyptischen Museum in Kairo aufbewahrt wird.
   (Quelle: „Patchwork und Quilts" von Barbara von Roemer)
2. 1920 stießen Sir Aurel Stein und seine Expedition an der Seidenstraße in der Nähe von Serindia/ Indien auf textile Funde. Unter anderem fand man Patchworkarbeiten, die aus dem 6. – 9. Jahrhundert stammen.
   (Quelle: „Needlework Through the Ages" von M. Symons und L. Preece)
3. In einer französischen Gedichtsammlung aus dem 12. – 13. Jahrhundert findet sich ein früher Beweis für einen Patchworkquilt. Dort heißt es: „Das Bett deckt ein Quilt aus zwei Sorten Seide in Schachbrettmuster, schön verarbeitet und üppig."
   (Quelle: „Les Lais del Desiré"
   von Groelent et Melion.
   Vgl. Colby, A. „Patchwork")

1.2 Quilting

Der zweite Teil des Wortes Patchworkquilt ist Quilt. To quilt ist das englische Wort für steppen. Auch Quilten hat eine eigenständige Entwicklung durchlaufen. Geschichtliche Darstellungen lassen auf ein schon in Vorzeiten praktiziertes Handwerk schließen.
Bei Überlegungen, wozu Menschen heute gesteppte Stoffe verwenden würden, fällt es nicht schwer, auf den Gebrauch in früher Zeit zu kommen.

1. Reißfestigkeit: Ein Stoff wird verstärkt, indem man ihn zwei oder dreifach legt und durch Steppstiche verbindet.
2. Wärmedämmung: Legt man zwischen zwei Lagen Stoff entweder Stroh, kardierte Wolle oder Baumwolle oder gar, wie bei Oliver Twist beschrieben, Zeitung, so wird Kälte weniger durchdringen können wie bei einem einfachen Stoff. Hier wird die Bedeutung des Quiltens klar. Es hält die jeweilige Füllung an Ort und Stelle.
3. Polsterung: Was gut gegen die Kälte ist, hilft auch gegen Druck. So trug man unter Ritterrüstungen ein gequiltetes Hemd.

Wann der Quiltstich über seine Funktion hinaus zum dekorativen Mittel beim Patchworkquilt wurde, läßt sich nicht genau sagen.
An der Feinheit der Stiche und der Enge der Quiltlinien ist die Qualität eines Quilts erkennbar. Im Patchworkquilt sind Patchwork und Quilting zu einer Einheit verschmolzen, in der das eine durch das andere in seiner Wirkung unterstützt wird.

Während in den USA Quilts längst einen Platz neben Bildern und Plastiken in Museen oder Galerien gefunden haben, wird hier noch einige Zeit ins Land gehen, bis Quilts die gleiche Publizität erreicht haben. Vor zehn Jahren waren Patchwork und Quilting in Deutschland nahezu unbekannt. Inzwischen hat, nicht zuletzt durch die Initiative des Textilmuseums Ziegelhausen, regelmäßig die Quiltbiennale zu veranstalten, eine deutlich positive Entwicklung dieses Kunsthandwerkes eingesetzt. Nach Gründung der Patchworkgilde 1985 wächst nicht nur die Zahl der Interessierten, auch die Gelegenheiten, Quilts zu sehen, nehmen zu. Bei jurierten Ausstellungen des Kunsthandwerks werden mehr und mehr Quilts einbezogen. An den eigenständigen Arbeiten vieler deutscher Textilkünst-

lerinnen wird die Variationsbreite in bezug auf die Gestaltung des Patchworkquilts deutlich. Der Trend sind textile Bilder, die sich wohl später nur schwer in die bekannten klassischen Kategorien einordnen lassen.

2. PATCHWORK UND QUILTING IN AMERIKA

Kenner teilen alte amerikanische Quilts in folgende Gruppen ein:

2.1 Quilts für besondere Anlässe

Landschaft, Religion, Handwerk und Politik spiegeln sich in den Namen der traditionellen Patchworkmuster wider. (Kapitel: Traditionelle Patchworkmuster) Nachdem man jahrelang im Erfinden immer neuer Patchworkblocks geschwelgt hatte, kam eine Zeit, in der diese Vielfalt in bestimmten Quilts augenfällig gemacht wurde. Es entstanden die Sampler- und Albumquilts.
Anlässe konnten sein: Geburt, Hochzeit, Tod, historische Begebenheiten, Jubileen.

2.1.1 Crib Quilt

Eine Zeitlang verband man nur die Vorstellung von einer rein weißen, in liebevoller Stickerei gefertigten Decke mit Crib Quilt. Heute nennt man alle kleinformatigen Decken Crib beziehungsweise Baby Quilt.

„Babyquilt"
1987 von F. Kohlhaußen
100 x 100 cm

„Baby Quilt"
1989 von F. Kohlhaußen
83 x 110 cm

„Bootchenquilt“
1981 von F. Kohlhaußen
180 x 210 cm

„Bad Homburg Quilt"
1983, Gemeinschaftsarbeit

2.1.2 Freedom Quilt

Bis etwa 1825 war es Brauch in den USA, daß Mütter für ihre volljährig werdenden Söhne am Tag vor dem 21. Geburtstag Mädchen einluden, um einen Quilt zu nähen. Diese brachten Reste ihrer Kleider mit, und jede gab sich bei der Näharbeit besonders viel Mühe. Dieser Quilt wurde bis zur Hochzeit des jungen Mannes aufbewahrt.

2.1.3 Friendship Quilt

Frauen verabredeten sich zu einer Friendship-Medley Party, um gemeinsam einen Quilt zu machen. Entweder nähte jede den gleichen Block nur mit eigenen Stoffen oder variierte auch das Muster. Der mit gesticktem Namen versehene Block wurde dann von der Beschenkten zusammengenäht und gequiltet.

2.1.4 Memory Quilt

Frauen schenkten zum Beispiel einem die Gemeinde verlassenden Pfarrer einen Memory Quilt. Nach dem Tod eines lieben Menschen wurde aus dessen Kleidern ein Quilt genäht. Zur Erinnerung an ein Ereignis wurden Quilts gemacht. Man betrachte die Freiheitsquilts oder die zur Hundertjahrfeier der Unabhängigkeitserklärung (1876) gefertigten.

2.1.5 Städtequilts

Wie interessant die Idee eines Albumquilts heute noch sein kann, zeigt der von elf Frauen aus Bad Homburg 1983 angefertigte Städtequilt. Die zwanzig Motive auf den Blöcken zeigen Ereignisse und Besonderheiten von Bad Homburg. Wohl die bekannteste Patchworkarbeit dürfte die amerikanische Flagge sein: rote und weiße aneinandergenähte Streifen, oben links in der Ecke weiße applizierte Sterne auf blauem Grund.
Die gerade erwähnten Quilts für besondere Anlässe waren entweder Patchwork- oder Applikationsquilts, oft genug auch eine Mischung aus beiden.

2.2 Applikationsquilts

Innerhalb der Applikationsquilts haben sich unterschiedliche Richtungen entwickelt. Zwei sollen hier Erwähnung finden.
Diese beiden Typen nehmen durch ihre Entwicklung in einer bestimmten Gegend beispielsweise durch die Art, wie sie gestaltet wurden, eine Sonderstellung ein.

2.2.1 Pennsylvania Dutch Quilts

Die deutschstämmigen Siedler in Pennsylvania haben auffallende Quilts in den Farben Rot, Gelb, Schwarz und Weiß geschaffen. Die Motive, oft sind es Tulpen, Blätter, aber auch Menschen und Tiere, sind stark stilisiert. Ein wenig erinnern sie an Scherenschnitte. In der handwerklichen Ausführung weisen die Pennsylvania Dutch Quilts besonders feine Stepparbeit auf.

„Baltimore Album Quilt"
1987, Gemeinschaftsarbeit der
Bad Homburger Gruppe

2.2.2 Baltimore Album Quilts

Nur eine kurze Zeitspanne von 1846–1852 hat gereicht, diese Quilts, die besonders in der Gegend von Baltimore im Staat Maryland auf so kunstvolle Weise gearbeitet wurden, berühmt zu machen. Diese Quilts sprechen ohne Worte. Die dargestellten Körbe, Herzen, Vasen, Kränze, Füllhörner haben symbolische Bedeutung. Die klaren Farben, vorwiegend Rot und Grün auf hellem Grund, geben ein fröhliches, aber harmonisches Bild von den vielen verschiedenen Blocks. (Quelle: „Spoken without a Word" von E. Sienkiewicz)

Für den abgebildeten Quilt wurden zunächst die Blocks gemäß vorhandener Abbildungen gezeichnet und zusammengestellt. Danach wurden die Schablonen angefertigt. Die einzelnen Blöcke sind 40 cm groß.

2.3 Amish-Quilts

oben:
„Amish Quilt"
1981 von F. Kohlhaußen
114 x 114 cm

rechte Seite:
„Sunshine and Shadow"
1988 von F. Kohlhaußen
260 x 260 cm

Eine absolute Sonderstellung nehmen die Quilts der Amish, auch Plain People genannt, ein. Die Amish waren wegen religiöser Verfolgung aus Süddeutschland, dem Elsaß und der Schweiz vorwiegend nach Pennsylvania, neben Indiana, Ohio und Iowa, ausgewandert. Es handelt sich um Angehörige der Mennonitenkirche, einer 1693 gegründeten Wiedertäufersekte, die sich bis heute ihren Lebensstil in Kultur und Sprache erhalten haben. Die Amish leben in ländlichen religiösen Gemeinschaften von 15–40 Familien zusammen. Ihr Zusammenleben wird durch die sogenannte „Ordnung" geregelt. Da diese „Ordnung" nur mündlich überliefert wird, kann sie regional verschieden ausgelegt werden. Die Amish beherrschen drei

Sprachen: Zum Lesen der Bibel und in der Kirche gebrauchen sie Deutsch; untereinander sprechen sie Pennsylvania Dutch, einen deutschen Dialekt mit englischen Brocken; mit solchen, die nicht zu ihrer Gemeinschaft gehören, reden sie Englisch.
Die Kleiderordnung vereint die Amish, grenzt sie aber auch gleichzeitig gegen Außenstehende ab. Frauen tragen im Sommer wie Winter Kleider aus dem gleichen Schnitt, meist recht weit, so daß die Figur nicht betont wird. Die Stoffe sind einfarbig und werden mit dem Alter ihrer Trägerinnen immer dunkler. Die Öffnungen, die zum Anziehen notwendig sind, werden mit Nadeln geschlossen. Knöpfe, Schleifen, ja sogar Haken und Ösen (natürlich auch Reißverschlüsse) sind als weltlicher Zierrat verpönt. Eine Nadel (heute Sicherheitsnadeln) erfüllt auch ihren Zweck. Die Männer tragen weite Hosen mit Hosenträgern. An der Arbeitskleidung und bei Kleidern kleiner Kinder dürfen Knöpfe verwendet werden. Verheiratete Männer haben Bärte und tragen schwarze Hüte, im Sommer runde Strohhüte. Frauen schneiden nie ihre Haare; sie werden geflochten oder zu einem Knoten gedreht. Den Kopf bedeckt eine Haube.

Auf ihren gut geführten Bauernhöfen gibt es keine Elektrizität, kein Telefon, kein Fernsehen. Petroleumlampen und ein mit Gas betriebener Kühlschrank tun es auch. Alles dreht sich um das Leben auf der Farm. Was es zu lernen gibt, lernen die Kinder dort. Sie gehen nur acht Jahre zur Schule. Die Amish benutzen vom Pferd gezogene Buggies (Karren), meist schwarz oder grau. Hochzeiten finden im November statt, wenn die Ernte eingebracht ist; aus praktischen Gründen dienstags oder donnerstags, denn dann werden die Kirchenbänke nicht gebraucht, und man kann sie für die Hochzeitsgäste ausleihen. Die Frau ist für Familie, Haus und Garten zuständig. Sie zieht das Gemüse, pflanzt Blumen und sorgt für die Kleidung. Das Haus ist ebenfalls sehr praktisch und schmucklos. Ein Quilt auf dem Bett ist die einzige Zierde des Raums.

Angesichts dieses kulturellen Hintergrunds überrascht es nicht, daß sich die Amish-Quilts von den traditionellen amerikanischen Patchworkquilts durch eine bestimmte Farbskala, einfarbige Stoffe, wenig Grundmuster und eine erstaunlich reichhaltige Technik des Quiltens unterscheiden. Das gilt insbesondere für die Quilts, die im 19. Jahrhundert (denn davon gibt es noch Zeugnisse) bis etwa 1940 entstanden sind.
Die Amish benutzen für ihre Quilts die gleichen Farben wie für ihre Kleidung. Es sind einfarbige Stoffe in einer Vielfalt von Tönen, heller oder dunkler in Blau, Weinrot und Grün, oft stark ins Grau gehend. Wie bei den Kinderkleidchen erscheint ein helles Grün oder helles Blau in den Quilts. Schwarz ist sehr beliebt. Orange oder Gelb findet man selten, höchstens bei den Amish im Mittleren Westen, die in ihren Farben weniger konventionell sind.

Die Eigenartigkeit der Amish-Quilts kommt nicht nur durch ihre Farben, sondern auch durch ihren Aufbau zustande. Die Blockmuster sind einfach, sie werden oft mit einfarbigen Blöcken abgewechselt. Wie die Amish ein Quadrat auf die Spitze stellen, es mit einem doppelten Rand versehen, das ist einmalig. Oft kann man einen schmalen und einen breiten Rand sehen. Manchmal hebt sich in den Ecken ein Quadrat ab. Der Rand ist übrigens immer stumpf an das Mittelstück angenäht. Die Amish halten sich nicht mit schräggeschnittenen Ecken auf. Zu den 3 bekanntesten „alten" Amishmustern gehören *Sunshine and Shadow* (der Natur nachempfundene Hell-Dunkel-Effekte), *Diamond in Square* bzw. *Center Diamond* (ein Muster, das sich wahrscheinlich vom englischen Medaillonstil ableitet) und *Bars*. Letztere, mit breiten Streifen im Mittelfeld, zusammengehalten von einem breiten Rahmen mit Quadraten in einer dritten, korrespondierenden Farbe in jeder Ecke, symbolisieren die Furchen der Felder.

Eine Gemeinsamkeit mit den Quilts der Pennsylvania Dutch ist die überaus feine Stepparbeit der Amish-Quilts. Hier darf sich ihre ganze Freude an Zierde und Schönheit ausdrücken. Federgirlanden, die Stern-, Tulpen- und Rhombusmotive umschließen, kommen auf den breiten Rändern voll zur Geltung. Bei älteren Amish-Quilts zieren oft Trauben- und Weinblättermotive schmalere Rahmen. Gesteppt wird ausschließlich mit schwarzem Garn.
Diese „alten" Amish-Quilts sind in Farbe und Konstruktion so modern, daß sie sich steigender Beliebtheit als Wandbehänge erfreuen – ein Verwendungszweck, der den Amish natürlich ganz fern liegt.

Leider werden diese uns großenteils aus Büchern als typisch bekannten Amish-Quilts heute nicht mehr beziehungsweise nur noch selten hergestellt. Zum Aufbessern der Familienkasse nähen die Amish alle möglichen Muster, sogar in geblümten Stoffen.

„Old Fellows Patch"
1988, Gemeinschaftsarbeit
179 x 235 cm

2.4 Crazy Quilts

Die Zeit um 1885 gilt als Höhepunkt der Crazy-Quilt-Mode, die etwa 15 Jahre, bis 1900, dauern sollte.
Ein Hauptgrund der enormen Popularität war die Möglichkeit, ohne große Materialkosten und ohne Rücksicht auf die Beschaffenheit, sprich: Dicke oder Struktur des Materials,reizvolle Dekorationen fürs Heim herzustellen, indem man Reste von Samt, Brokat, Spitze und dergleichen auf einen Unterstoff nähte. Diese Crazy Quilts dienten meistens nicht mehr als Bettdecken, sondern als Überwürfe *(throws)* fürs Sofa oder Klavier. Dem Zeitgeschmack entsprechend zierte Crazy-Patchwork daneben auch Deckchen für Toilettentische und Kaminsimse, Kissenbezüge und selbst Türvorhänge zum Schutz vor Zugluft.
Sparsamkeit galt als Hausfrauentugend und -pflicht; praktisch jeder Haushalt besaß einen *Scrap bag* zum Sammeln nützlicher Stoffreste. Die Werbung steckte zwar noch in ihren Kinderschuhen, aber Frauenzeitschriften regten schon mit Abbildungen und perforierbaren Mustern an, Flicken aus Wolle, Samt, Seide, Brokat, Leinen neben alten Krawatten, Schleifen und Memorabilien, wie Fotos, Fächerstücke und ähnliches, zu verarbeiten. Stoffhersteller machten sich diesen Trend zunutze und boten abgepackte Reste, oft mit Zuschneidemustern (zur direkten Übertragung auf den Stoff mit Markierungspulver, Bleistift, Transparentpapier oder sogar durch Aufbügeln), zum Versand an. Die Stoffreste wurden, wie sie waren, zusammengestückelt und noch mit reichlich Stickerei oder Bemalung verschönt.

2.4.1 Anleitung zum Nacharbeiten

2.4.1.1 Vorbereitungen

Legen Sie entsprechende Stoffreste zurecht, und entscheiden Sie die Größe des Crazy Quilts. Schneiden Sie ungleichmäßig große Stoffreste zurecht, und überlegen Sie sich, wie groß Ihr Block sein soll. Zu empfehlen sind Blöcke zwischen 30 x 30 cm und 40 x 40 cm, weil Sie dann weniger Nähte haben.
Besorgen Sie sich auch genügend leichten Stoff (Musselin, Nessel o. ä.), der als Unterlage dienen kann. Waschen Sie diesen Unterstoff, damit er später nicht eingeht. Das Bügeln nicht vergessen!
Schneiden Sie aus dem vorbehandelten Stoff die Anzahl der benötigten Blöcke mit Nahtzugabe aus. Dann wählen Sie eine der folgenden Konstruktionen auf Seite 26.

alter „Crazy Quilt"
1892, im Besitz von Ulrike Marcus
160 x 182 cm

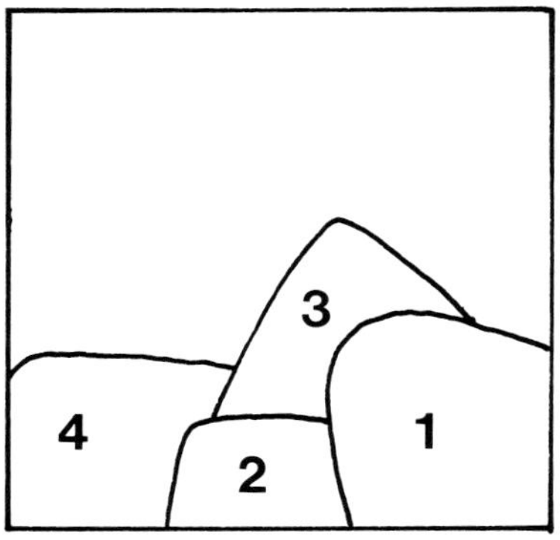

Abb. 1a

Abb. 1b

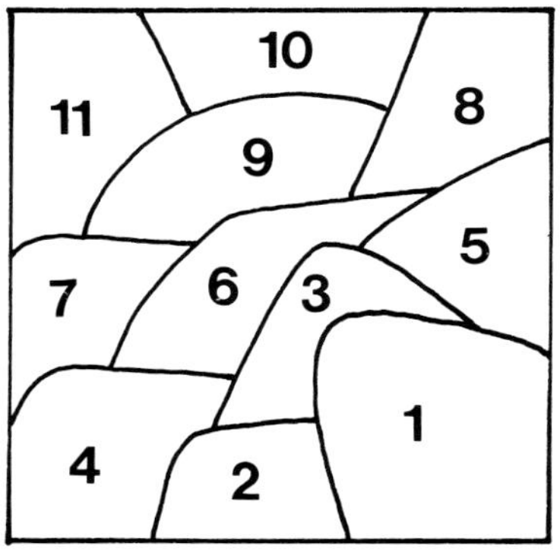

Abb. 1c

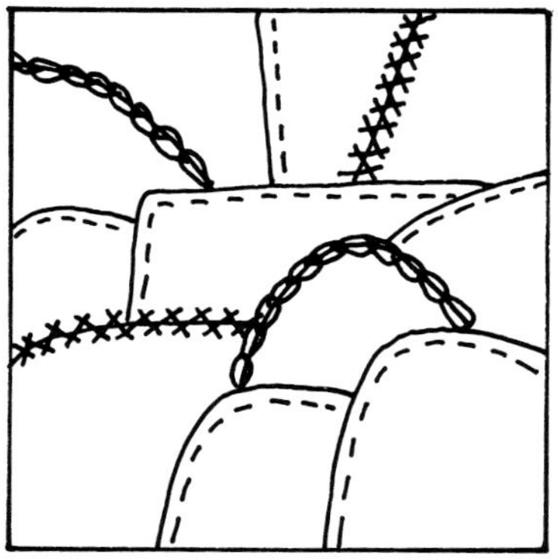
Abb. 1d

2.4.1.2 Traditioneller viktorianischer Crazy Quilt

(Diese Methode eignet sich für dicke Materialien wie Samt und Wollstoffe.)
Legen Sie Ihren Block ausUnterstoff auf den Tisch, und beginnen Sie rechts unten (Abb. 1a). Stecken Sie den Eckflicken an den Seiten fest, und lassen Sie ihn nach innen offen (1).
Legen Sie den zweiten Flicken mit seiner rechten Ecke unter die offene Seite des ersten Flickens, und stecken Sie ihn fest. Lassen Sie die anderen Seiten offen.

Legen Sie den dritten Flicken unter die freien Kanten von Flicken 1 und 2. Schlagen Sie die Kanten nur um, wenn der Stoff leicht ausfranst (Abb. 1b). Die Kanten werden später umstickt; das geht leichter, wenn Sie nicht so viele Stofflagen durchstechen müssen.

Machen Sie so weiter, und arbeiten Sie nach links und aufwärts (Abb. 1c). Wahrscheinlich benötigen Sie pro Block zwischen sechs und zwölf Flicken.
Decken Sie den Unterstoff ganz mit Flicken zu.
Übrigens könnten Sie auch in der Mitte des Blocks beginnen und nach außen zu allen Seiten weiterarbeiten.

Heften Sie die Flicken, und entfernen Sie die Stecknadeln. Nähen Sie die offenen Kanten jedes Flickens mit Stepp- oder Blindstichen zu. Verzieren Sie die Kanten der Flicken mit beliebigen Stichen. Verwenden Sie dazu Stick-, Bouclé-, Teppichgarn oder anderes zum Sticken geeignetes schmückendes Material (Abb. 1d). Wenn Sie Lust haben, konnen Sie außer den Kanten die Flicken auch mit Schmetterlingen, Blüten, Spinnweben usw. besticken.

2.4.1.3 Zeitgenössischer Crazy Quilt

Für diesen Quilt verwenden Sie Baumwoll- und Kleiderstoffe leichter Qualität. Verfahren Sie wie nach der vorhergehenden Methode, aber legen Sie die Kanten beim Heften um. Die Kanten sind durch das Umbiegen besser vor dem Ausfransen geschützt. Nähen Sie die umgebogenen Kanten auch am Unterstoff fest, und verzieren Sie sie durch Stickereien.
Natürlich können Sie bei beiden Methoden auch Maschinenstickerei anwenden. Auf diese Weise lassen sich eine Menge dekorativer Stiche noch schneller herstellen.

„Flic Flac"
1990 von Dorle Stern-Straeter
115 x 115 cm

2.4.1.4 Das Zusammennähen der Blöcke

Wenn Sie alle Blöcke fertig haben, legen Sie sie reihenweise nebeneinander. Nähen Sie sie direkt zusammen, oder verbinden Sie sie mit passenden Streifen aus Samt, Seide usw.

Unterlegen Sie den ganzen Quilt mit einem zur Vorderseite passenden Stoff. Füllmaterial erübrigt sich meistens, da die Oberflächen durch das schwere Material dick genug sind. Haben Sie allerdings nach der zweiten Methode nur leichte Baumwollreste verwendet, sollten Sie schon eine leichte Steppwatte eingeben.

Quilten ist in der Regel unnötig; die Crazy Quilts sind dekorativ genug. Sehr hübsch wirken aber französische Knoten oder andere Ziersticche in bestimmten Abständen. Sie können auch die Oberfläche und das Futter – wie eine Steppdecke – an bestimmten Stellen knüpfen. Die Seiten werden wie bei jeder anderen Art von Quilt gesäumt (s. Kapitel „6. Patchworkumrandung/Finishing").

3. WIE ENTSTEHT EIN QUILT?

3.1 Oberflächen eines Quilts

Die Oberseite eines Quilts kann verschieden gestaltet sein. Neben der Patchworkoberfläche, mit der wir uns in diesem Buch hauptsächlich befassen, kennen wir noch zwei andere.

WHOLE CLOTH QUILT

Die Oberseite besteht aus einem einfarbigen Stück Stoff. Durch die Quiltlinien werden die Muster hier plastisch sichtbar. Besonders in Italien sind die rein weißen, reichlich gesteppten Decken beliebt gewesen.

APPLIKATIONSQUILT

Blumen, Tiere, Früchte aus Stoff werden auf einen Untergrund aufgenäht. Der Grundstoff ist entweder ein durchgehendes Stück, oder es sind gleich große, quadratische Stücke, Block genannt. Diese werden wie bei einem Patchworkquilt zu einer großen Fläche zusammengenäht (Seite 19 und 28).
Nachdem zuvor die Motive der Tradition gemäß von Hand aufgenäht wurden. Am Besten wählt man einfache, klare Formen als Vorlage. Die nach Schnittmuster beziehungsweise Schablone zugeschnittenen Stoffstücke werden frei nach eigenem Geschmack oder in Anlehnung an herkömmliche Muster angeordnet und festgenäht.
Viel Freude bereiten diese Applikationsarbeiten, denn der künstlerischen Freiheit sind kaum Grenzen gesetzt.

linke Seite
„1001 Blatt"
1988 von Gundula Mohnhaus-Weidert
160 x 225 cm

„Sterne-Quilt"
1981 von F. Kohlhaußen
170 x 230 cm

3.1.1 Gestaltung

Wenden wir uns wieder dem Patchworkquilt zu, so gibt es bezüglich der Oberflächengestaltung viele Wege. Als typisch englisch wird die Art, Sechsecke, Dreiecke und Rhomben über Papier gezogen von der Mitte aus aneinanderzunähen, bezeichnet (Kapitel Sechseck). Ist die gewünschte Größe erreicht, hört man auf.
Im Gegensatz dazu hat sich in den USA die Blocktechnik entwickelt. Es handelt sich um ein quadratisches Stück Stoff in handlicher Größe, meist 30 – 40 cm. Dieses Stück wird Block genannt und ist in wenige, sich wiederholende geometrische Formen unterteilt. Als kleine Handarbeit können sie überall hin mitgenommen werden. 12 – 25 Blocks sind nötig, bis ein Quilt zusammengenäht werden kann. Aus den wenigen Grundformen fertigt man Schablonen an, um ein exaktes und rationelles Zuschneiden des Stoffes zu ermöglichen.
Blocks können folgendermaßen zusammengefügt werden:

- Einen Block abwechselnd mit einem einfarbigen Block in Reihen parallel zu den Außenkanten des Quilts anordnen.

- Die Blöcke auf die Spitze stellen; das bedeutet, daß an den Außenseiten entsprechende Dreiecke eingesetzt werden müssen (Abb. 2).

- Die Blöcke durch Streifen voneinander trennen, wie im Bötchenquilt (Seite 16) dargestellt, oder indem man die Blöcke auf die Spitze stellt.

- Die aufregendste Möglichkeit ist, die Blöcke direkt aneinanderstoßen zu lassen. Dadurch entsteht ein neues, übergeordnetes Muster, und der Block als Einzelelement ist kaum noch erkennbar *(Clay's Choise)* (Abb. 3). Durch Drehen und Spiegeln bilden vier Blöcke zusammen eine Art Stern. Es kommt sehr auf die Farbgebung an, wie das Muster zur Geltung kommt.

Abb. 2

Abb. 3

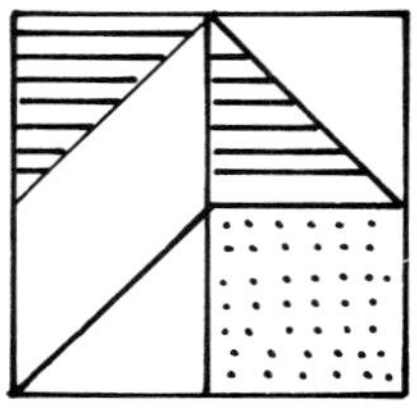

rechte Seite
„Clay's Choice"
1982 von F. Kohlhaußen
230 x 154 cm

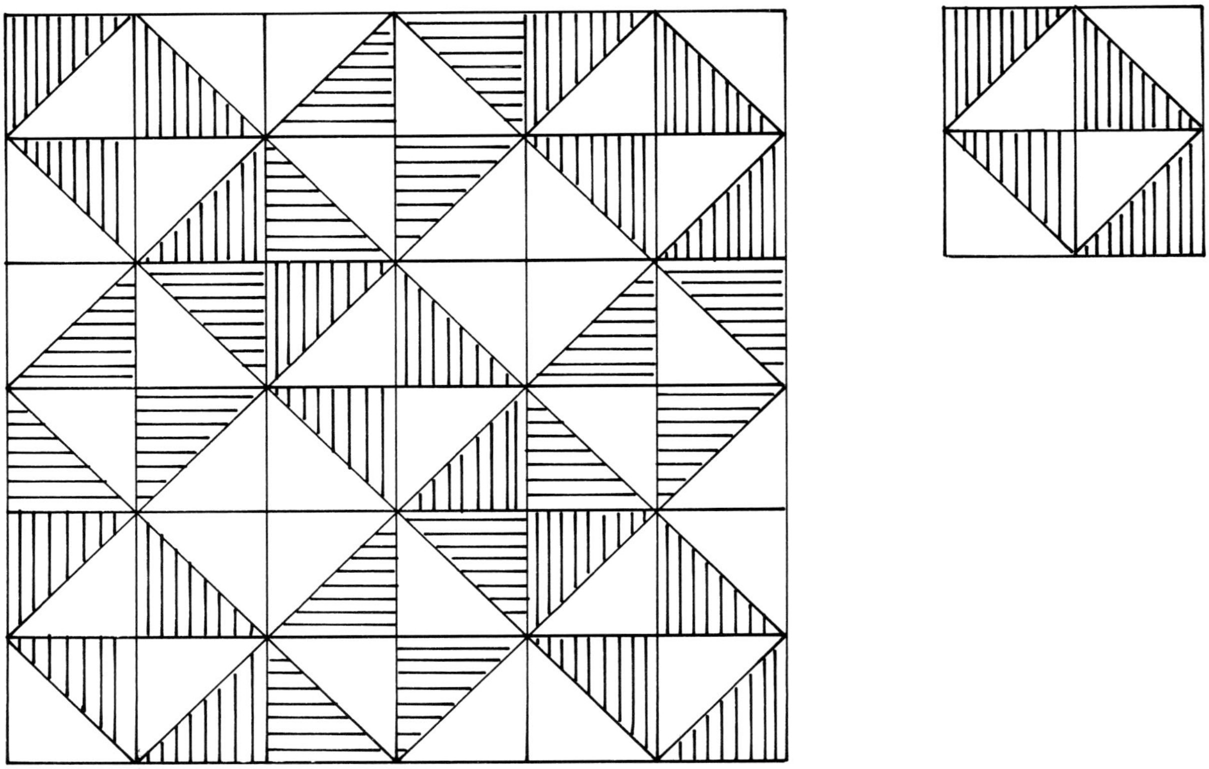

Abb. 4

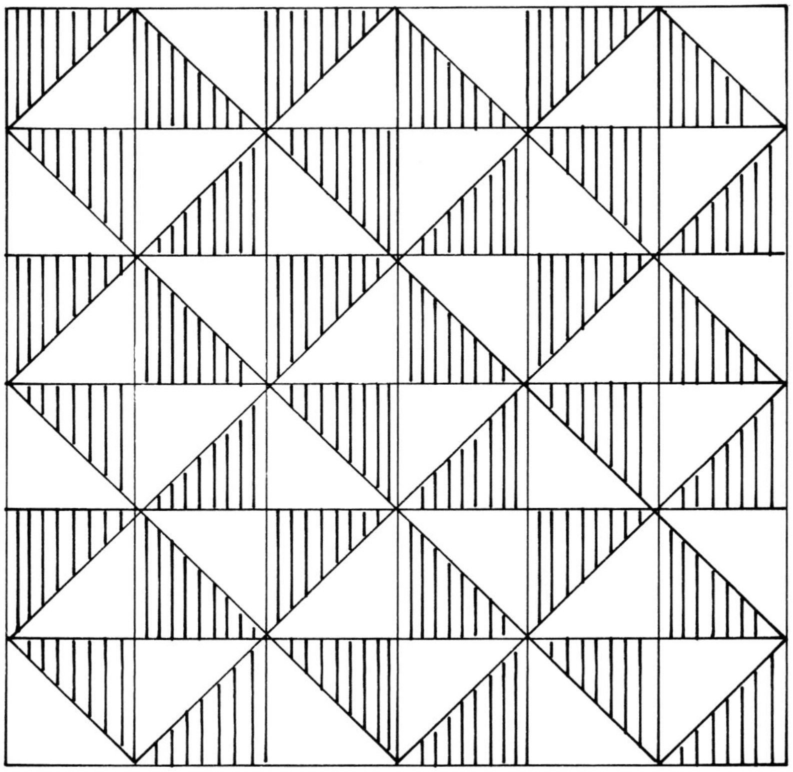

Abb. 5

Die gleiche Idee soll auch an einem anderen, ganz einfachen Block *(Broken Dishes)* verdeutlicht werden (Abb. 4).
Wichtig ist, verschiedene Anordnungen auszuprobieren (Abb. 5).

3.2 Handwerkszeug

Bevor Sie sich an die Arbeit machen, sollten Sie das nötige Handwerkszeug zurechtlegen.

Zum Entwurf des Blocks bzw. Quilts benötigen Sie:
- Karopapier DIN A4 oder Millimeterpapier,
- 1 Lineal,
- 1 gleichseitiges Dreieck,
- 1 Winkelmesser,
- 1 Zirkel,
- 1 Bleistift,
- Buntstifte,
- Transparentpapier bzw. eine Rolle Butterbrotpapier

Für die Schablone:
- Papierkleber,
- Pappe, die sich noch mit der Schere schneiden läßt (so fest wie möglich). Sehr geeignet ist auch Plastik, wie es für feste Durchsichthüllen oder Röntgenaufnahmen verwendet wird,
- 1 Papierschere
- Sandpapier.

Zum Markieren, Zuschneiden und Nähen der Stoffe:
- Baumwollstoffe jeglicher Art von leichter Qualität. Sie sollten alle vorgewaschen und gebügelt sein. Das Vorwaschen ist *unbedingt* nötig, um unterschiedliches Eingehen und Ausfärben der Stoffe zu vermeiden. Da Sie viel Energie in einen Quilt investieren, dürfte die Enttäuschung groß sein, wenn nach der ersten Wäsche einer der Stoffe ausfärbt und der ganze Quilt ruiniert ist!
- 1 weichen Bleistift, z. B. B5, zum Markieren heller Stoffe,
- 1 weichen Weißstift für dunkle Stoffe,
- 1 Stoffschere,
- Stecknadeln,
- Rollmesser,
- Schneidunterlage,
- dickes, durchsichtiges Lineal, 50 cm
- Nähnadeln bzw. Nähmaschine,
- Garn in verschiedenen Farben,
- 1 Bügeleisen,
- 1 Fingerhut.

Zum späteren Quilten benötigen Sie:
- Füllung bzw. Steppwatte; Sie können aber auch ein anderes weiches Material wählen, z. B. Molton
- 1 Quiltrahmen, Durchmesser etwa 35 cm,
- Quiltnadeln (Stärke 7 – 10), etwa 3 cm lang,
- Quiltgarn.

3.3 Stoffe

Zu den Stoffen sind folgende Überlegungen notwendig:
Am besten verarbeiten sich Baumwollstoffe. Einem Anfänger ist also dringend anzuraten, zunächst mit diesen Qualitäten zu beginnen.
Immer wieder wird nach Samt oder Jeansstoffen gefragt. Die Antwort ist abhängig von dem Verwendungszweck des Quilts. Wenn Sie einen Gebrauchsquilt machen, sollten das Material hochwertig sein und die verwendeten Stoffe möglichst dieselbe Wasch- und Bügeltemperatur vertragen. Angenommen, Sie verarbeiten in einem Stück Seide und Wolle. Es ist Erfahrung, daß die Seidenstücke viel rascher verschleißen. Wenn Sie Polyesterstoffe mit Baumwollstoffen zusammen verarbeiten, liegt das Problem weniger in der unterschiedlichen Abnutzung als in dem des Bügelns. Sie müssen sich immer nach dem Stoff richten, der die schwächere Temperatur verträgt.

Anders ist es bei einem Wandbehang. Hier kann es durchaus reizvoll sein, unterschiedliche Materialien und Strukturen zu verarbeiten. Aber Vorsicht ist geboten beim Zusammennähen eines sehr dicken und sehr dünnen Stoffes! Der starke Stoff hat die Tendenz, den dünnen zu verziehen. Und außerdem: Wohin mit den dicken Nähten? Es ist einfacher, Stoffe gleicher Qualität und Struktur zusammenzufügen. Samt, Seide,

Brokat und Baumwolle sind reizvoll, bringen aber in bezug auf die Verabeitung Probleme.
Soll die Patchworkdecke auch gequiltet werden, ist es gar keine Frage, daß nur leichte Stoffe verwendet werde können. Ähnliche Überlegungen sind zur Wahl der Rückseite des Quilts anzustellen.

3.3.1 Errechnen des Stoffverbrauchs

Als Faustregel für den Stoffverbrauch eines Quilts gilt, daß man für die Vorderseite doppelt soviel Material (alle Farben zusammen) benötigt wie für die Rückseite. Das mag aber manche nicht zufriedenstellen.
Genauer ist folgende Berechnung: Gehen Sie von der Größe des fertigen Quilts aus. Sie kennen die Größe und Anzahl der benötigten Blöcke.
Nehmen Sie dann Ihren Farbentwurf, und machen Sie dementsprechend einen Zuschneideplan, zum Beispiel: 5 kleine Dreiecke in Rot, 7 kleine in Gelb, 6 Quadrate in Weiß usw. für einen Block. Multiplizieren Sie das Ergebnis mit der Menge der benötigten Blöcke.
Als nächstes legen Sie die fertigen Schablonen auf die jeweiligen Stoffe bzw. auf einen Stoff mit der gleichen Webbreite und probieren Sie aus, wie viele Stücke in eine Reihe gehen und wie viele Reihen Sie für die vorgesehenen Dreiecke benötigen.
Jetzt wissen Sie genau, wieviel des jeweiligen Stoffs Sie brauchen.
Bedenken Sie aber beim Kauf, daß Baumwollstoffe in der Regel erheblich eingehen. Seien Sie also nicht zu sparsam, und geben Sie lieber 10–15 % hinzu.

3.4 Garn

Hier gelten dieselben Überlegungen wie für Stoffe. Wie ärgerlich ist es, wenn beim Ausbügeln eines Baumwollstoffs die Naht am Eisen schmilzt!
Nähen Sie also Baumwollstoffe mit Baumwollgarn, Seide mit einem Seidenfaden.
Garnstärke für Maschine- und Handnähen: 50 oder 60.
Manchmal tut man sich schwer, die Farbe des Garns zu entscheiden. Wenn Sie einen roten und grünen Stoff zusammennähen wollen, dann wählen Sie eine der beteiligten Farben, oder nehmen Sie einen grünen Oberfaden und einen roten Unterfaden.
Quiltgarn muß reißfest sein. In Amerika und Großbritannien können Sie entweder 100%iges Baumwoll-Quiltgarn *(100 % Cotton Quilting Thread)* kaufen oder mit Baumwolle überzogenes Polyestergarn *(Cotton-covered Polyester)*. In Deutschland gibt es inzwischen auch Quiltgarn zu kaufen.

3.5 Farben

Ein Patentrezept zur erfolgversprechenden Verwendung von Farben gibt es nicht. Aber vielleicht helfen Ihnen die in Kurzfassung zusammengetragenen „Gesetze“:
Sehen Sie sich den einfachen Farbkreis an. Drei davon sind die Grund- bzw. Primärfarben: Rot, Blau und Gelb. Diese drei Grundfarben sind Ausgangsbasis aller anderen. Nimmt man Rot und Gelb zu gleichen Teilen, so entsteht Orange. Aus Blau und Gelb wird Grün, aus Blau und Rot Violett.
Diese drei neugewonnenen Farben heißen Sekundärfarben. Aus einer Mischung der jeweils benachbarten Sekundärfarben entstehen die Tertiärfarben. So läßt sich der Farbkreis beliebig vergrößern, wenn man aus zwei nebeneinanderliegenden Farben eine neue Farbe mischt.

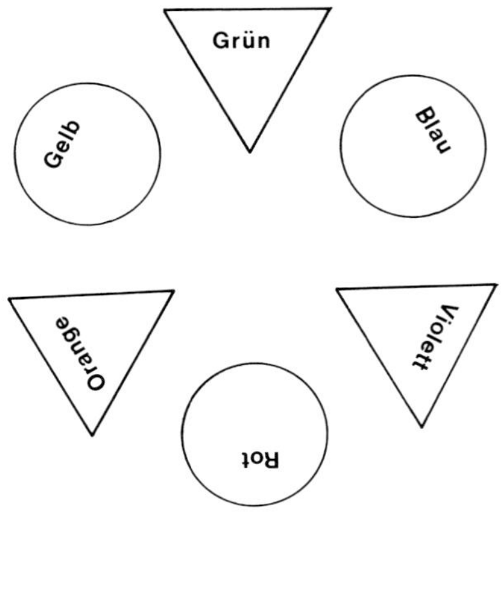

Abb. 6

Die größte Leuchtkraft geht von den reinen bzw. Grundfarben aus. Mischt man diese auf der einen Seite mit Weiß und auf der anderen mit Schwarz, entsteht eine Reihe unterschiedlichster Farbtöne. So kann zum Beispiel ein leuchtendes Rot zu ganz zartem Rosa oder auch schmutzigem Rotgrau übergehen.
Helle Farben haben die Eigenart, vor dunkle zu treten. Genauso kann man die eine oder andere Fläche unseres Patchworkblocks durch helle und dunkle Töne einer Farbe hervorheben.
Bei der Anwendung von Farben sollte man auch auf Farbkontraste achten.

KOMPLEMENTÄRKONTRAST

Farben, die sich auf dem Farbkreis gegenüberliegen, sind gegensätzlich (d. h. komplementär); zum Beispiel Rot und Grün, Violett und Gelb, Blau und Orange. Komplementärfarben intensivieren sich gegenseitig, so daß ein lebhaftes, vibrierendes Bild entsteht.

HELL-DUNKEL-KONTRAST UND WARM-KALT-KONTRAST

In der Regel werden Rot-, Orange- und Gelbtöne als „warm" empfunden; Blau bzw. Farben, denen Blau beigemischt wurde, werden generell als „kalt" empfunden.
Sehr interessant ist auch der sogenannte Simultankontrast: Eine Farbe wirkt je nach Hintergrund ganz unterschiedlich heller, dunkler, wärmer oder kälter.
Die Umgebung einer Farbe ist ausschlaggebend: Dunkle, matte Töne treten zurück; leuchtende, helle Farben scheinen heraus, sie leuchten.

SINNLICHE WIRKUNG AUF DEN BETRACHTER

Man spricht ganz allgemein von „traurigen" und „fröhlichen" Farben.
Jeder Mensch sieht Farben anders, empfindet sie anders. Deswegen kann man keine verbindlichen Richtlinien geben. Bei Ihrem Quilt, den Sie sich tagtäglich mit Freude ansehen wollen, gilt: Erlaubt ist, was gefällt.
Für uns ist Stoff Träger der Farbe. Aber hier werden ja nicht nur einfarbige Stoffe verwendet. Und gemusterte Stoffe lassen sich oft farblich schwer einordnen.
Ein einfacher Tip, um die Farbwirkung herauszufinden: Kneifen Sie die Augen zu, bis Sie den eigentlichen Farbwert erkennen.
Probieren geht über Studieren. Das ist auch das Reizvolle an Patchwork. Mit der Zeit entwickeln Sie einen Sinn, welche Stoffarben zueinander passen und welche nicht. Halten Sie die Stoffe, die Sie nebeneinander verarbeiten wollen, dicht aneinander. Noch besser: Legen Sie sie irgendwo aus, damit Sie mehrmals am Tage daraufsehen können. Lassen Sie die Farben bei Tageslicht und im Kerzenschein wirken. Beim Betrachten durch ein umgekehrtes Fernglas werden auch unterschiedliche Helligkeiten deutlich.
Die Stoffe sind zwar unsere konkreten Farbträger, aber ihre Struktur und Beschaffenheit sind beim Entwurf des Quilts ebenfalls zu berücksichtigen.

3.6 Allgemeine Bemerkungen

Die Gestaltung eines Quilts macht viel Spaß: das Entwerfen der Muster oder eines aus Büchern heraussuchen; die Entscheidung, welche Stoffe verwendet werden, und schließlich an die Arbeit gehen, die Oberfläche schrittweise zusammenfügen.
Zugegeben, es gibt auch monotone, scheinbar zeitraubende Phasen wie das Zuschneiden der Stoffe, welches aber durch Verwendung des Rotary Cutter beschleunigt werden kann, manchmal auch das Nähen oder Reihen der drei Lagen aufeinander. Wenn es also schon länger her ist, daß Sie sich mit einer Handarbeit hingesetzt oder ein größeres Projekt durchgezogen haben, dann sind Sie mit einer anfangs nicht zu großen Arbeit besser beraten. Wer aber schon hier und da aktiv war, sollte sich unverzagt mitten in das Abenteuer, einen Quilt zu machen, hineinstürzen.
Natürlich ist ein einfach aufgeteilter Block aus wenigen Stücken schneller genäht als einer mit vielen Teilen.
Ein Quilt aus simplen, sich wiederholenden Blöcken näht sich leichter als einer mit schwierigen, flächendeckenden Mustern – dazu in unterschiedlichen Größen.
Die Größe eines Blocks richtet sich nach dem Muster und der Größe des geplanten Quilts. Gehen Sie von den Außenmaßen des Quilts aus, und legen Sie

dementsprechend Anzahl und Größe der Blöcke fest. Die Proportionen sind wichtig. Man hat gesagt, daß ein Quilt mehr als die Hälfte seiner Schönheit den richtigen Proportionen – dem Goldenen Schnitt – verdankt. Am besten fertigen Sie also – so mühselig das zunächst erscheinen mag (ist es aber eigentlich nicht) – eine maßstabsgerechte Zeichnung an. So sehen Sie am besten, ob Block und Rand bzw. Streifen in einem abgewogenen Verhältnis zueinander stehen. Die gängigsten Blockgrößen in den USA sind 30 x 30 cm, 35 x 35 cm und auch 40 x 40 cm. Aber daran muß man sich keineswegs halten.

Standardgrößen haben den Vorteil, daß man die Schablonen immer wieder verwenden kann.

Im übrigen sollten Sie – vor allem am Anfang – die traditionellen Muster ruhig kopieren. Selbst wenn zehn Leute den gleichen Block nähen, wird das Muster bei jedem – allein durch die verschiedenen Stoffe – anders wirken.

Wir werden immer wieder gebeten, die Patchworkmuster nach Schwierigkeitsgraden in der Herstellung einzuordnen. Das ist nicht ganz einfach. Denn es kommt auf die jeweilige Erfahrung und Veranlagung an. Was dem einen schwerfällt, mag dem anderen leicht von der Hand gehen.

Zu den Blöcken in den verschiedenen Rastern ist zu sagen, daß solche mit wenigen Teilen (20) sich für Anfänger eignen. Muster, bei denen sich nur vier Nähte treffen, sind auch für Patchworkneulinge gut zu bewältigen. Blöcke, bei denen sich acht und mehr Nähte treffen, sollten Sie etwas zurückstellen; ebenso die Muster mit runden Nähten.

Schwieriger sind auch Blöcke mit etwas kompliziertem Aufbau; solche, die man nicht auf Anhieb überschauen kann und wo man sich beim Zusammenfügen leicht vertut.

Beginnen Sie also zunächst mit Dingen, die Sie sich zutrauen, und sammeln Sie Erfahrungen. Danach wagen Sie sich an einen schwierigeren Quilt.

Ausschnitt aus „Kaleidoskop“
1983 von F. Kohlhaußen
232 x 227 cm
(siehe auch Seite 68)

4. TRADITIONELLE PATCHWORK-MUSTER UND IHRE BEDEUTUNGEN

Die Zahl der über den amerikanischen Kontinent verbreiteten Namen für Patchworkmuster geht über tausend. In Wirklichkeit sind es aber kaum mehr als etwa 300 traditionelle Piecework- und Appliquémuster – und selbst darunter offensichtliche Varianten. Dabei sind die ältesten, zweifellos interessantesten Muster gewiß verlorengegangen, weil niemand daran dachte, wenigstens ihre genaue Proportionen schriftlich festzuhalten.

Die Namen der ältesten überlieferten Patchworkmuster leiten sich fast ausnahmslos von der Bibel ab; kaum erstaunlich, denn Religionsfreiheit war für viele der Hauptgrund des Auswanderns gewesen. So tragen wohlgeplante und strukturierte alte Muster Namen wie: *World Without End, Crown Of Thorns, The Star Of Bethlehem, Jacob's Ladder, Job's Tears.* Zwei sehr schöne und dabei relativ leicht herstellbare alte biblische Muster, die für Alltagsdecken gerne verwendet wurden, heißen *The Star And Cross* und *King David's Crown* (s. Kapitel 5.3 „Five Patch"). Auch ein sehr bekanntes Muster, für das es mindestens drei Namen gibt, ist *Golgotha,* alias *The Three Crosses,* alias *Cross Upon Cross.*

Die Krone bzw. das Kreuz als zentrales Motiv zeigt ebenfalls ein altes, eindrucksvolles Muster: *Crowned Cross,* auch *Cross And Crown* genannt, wovon es wiederum eine Reihe von Varianten gibt (vgl. Kapitel 5.3 „Five Patch" und 5.4 „Seven Patch"): *King David's Crown, Greek Cross.*

So manches Muster hat unverändert den Weg von der Ost- zur Westküste zurückgelegt, dabei aber immer wieder neue Namen erhalten, die in ihrer Art ein Spiegel der amerikanischen Kolonisierungsgeschichte sind.

So wurden z. B. ein seit ungefähr 1800 in West-Pennsylvania und Ohio beliebtes Muster, das *Bear's Paw* (Bärentatze), zu *Duck's-Foot-in-the-Mud* (Entenspur im Sumpf) auf Long Island bzw. zu *Hand of Friendship* (Hand der Freundschaft) in Philadelphia (vgl. Kapitel 5.4 „Seven Patch").

Ein anderes, genauso altes Muster heißt auf den Farmen im Landesinnern *The Harvest Sun* (vom Mittelpunkt der Mittsommersonne gehen Strahlen aus, und die am Rand applizierten Weizengarben deuten die Ernte an). Doch auf Cape Cod und in den Fischerorten an der Ostküste schwört man, daß es sich dabei um ein Schiffsruder – *The Ship's Wheel* – handelt. Tatsächlich stammt dieses Muster von den Siedlerfrauen in Massachusetts, Maine, Rhode Island und anderen Ostküstenstaaten, zu deren Alltag das Meer und die Schiffe gehörten. Weiter westwärts erhielt es dann einen Namen, der zu der veränderten Umwelt paßte.

Auch die beliebten Lilienmuster wurden je nach Umgebung umgetauft. So wird die *North Carolina Lily* zur *Prairie Lily* westlich des Mississippi und jenseits der Rocky Mountains zur *Mariposa Lily.*

Manche Namensänderungen kamen durch gesellschaftspolitische Ereignisse zustande. Aus *Job's Tears* (Hiobs Tränen) wurde zwischen 1800 und 1825, als die Sklavenfrage durch Missouris Bemühen um Aufnahme in den Staatenbund jedermann bewegte, *The Slave Chain* (Sklavenkette). Und 1840 taufte man dasselbe Muster um in *Texas Tears.* Grund: die Annexion von Texas. Nach dem Sezessionskrieg, als die Besiedlung des Westens zentrales Thema war, hieß das Muster in allen Präriestaaten *The Rocky Road To Kansas* (steinige Straßen nach Kansas) bzw. *Kansas Troubles.* 1880 erhielt es schließlich seinen – bisher – wohl endgültigen, bezeichnenden Namen *Endless Chain* (endlose Kette).

Doch ein Muster schlägt wohl alle Rekorde; es führt bisher 14 Namen:

Indian Trail, Forest Path, Winding Walk, Rambling Road, Rambling Rose, Climbing Rose, Old Maid's Ramble, Storm At Sea, Flying Dutchman, North Wind, Weather Vane, Tangled Tares, Prickly Pear und *Irish Puzzle.*

Wer weiß, vielleicht sind das nicht einmal alle Namen.

Immerhin gibt es auch einige Patchworkmotive, die so konkret und allen vertraut sind, daß sie keine Interpretationen zuließen, z. B. *The Pine Tree* (Kiefer), ein Muster, das in Massachusetts aufkam, allerdings immer wieder abgewandelt wurde und wird (vgl. die Variante *Tall Pine Tree*).

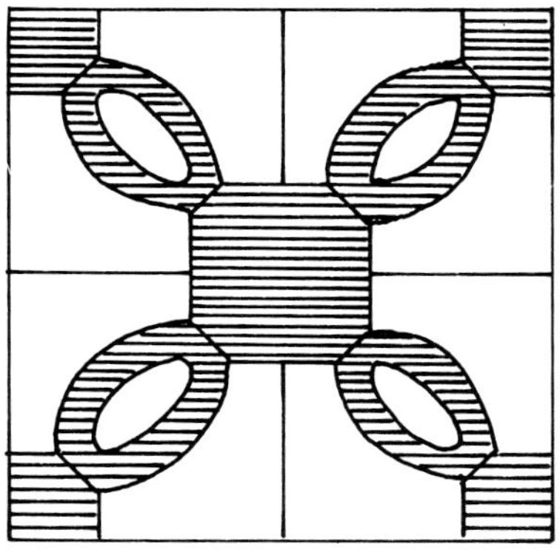

Abb. 6a
Job's Tears
Endless Chain
Kansas Troubles
Slave Chain
Texas Tears
Rocky Road To Kansas

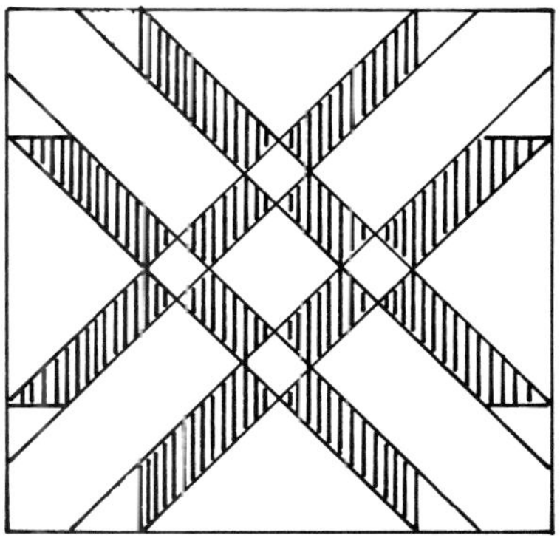

Abb. 6d
The Star And Cross

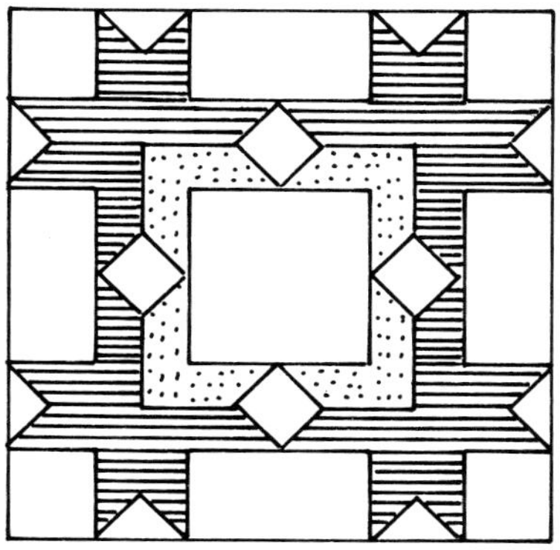

Abb. 6b
Golgotha
The Three Crosses
Cross Upon Cross

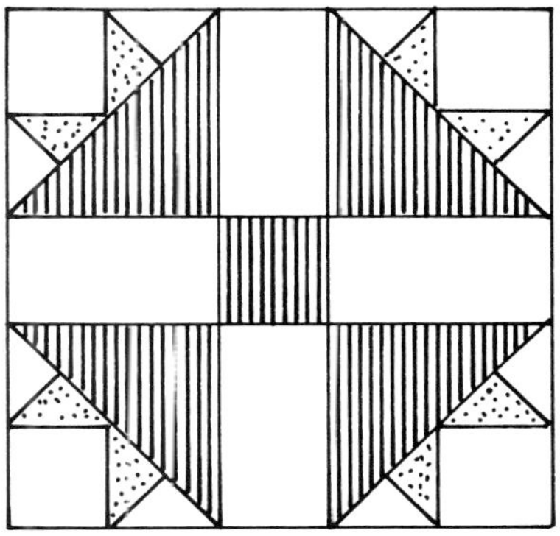

Abb. 6e
Cross And Crown
Crowned Cross

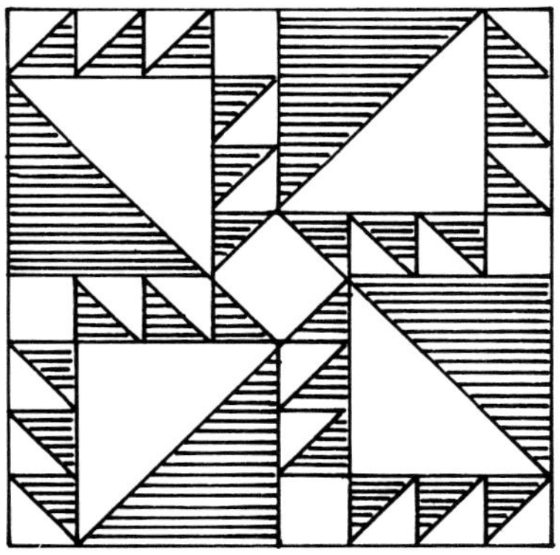

Abb. 6c
Indian Trail
Forest Path
Winding Walk
Rambling Road
Old Maid's Ramble
Storm At Sea
North Wind
Weather Vane
Prickly Pear
Irish Puzzle

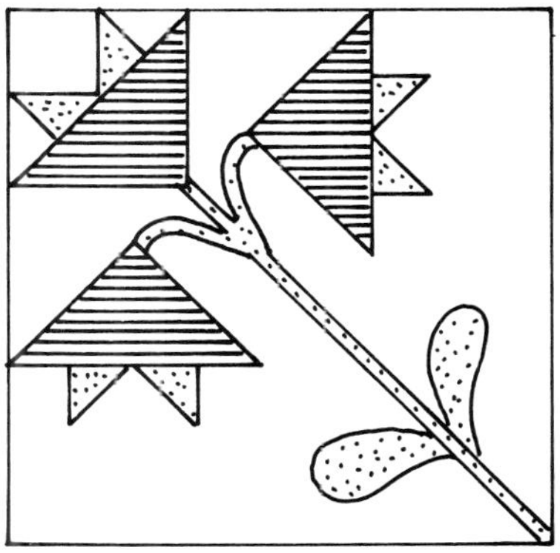

Abb. 6f
North Carolina Lily

5. VERSCHIEDENE MUSTER-FAMILIEN

Die schier unüberschaubare Vielfalt der in Amerika entwickelten Pieceworkblöcke beruht auf der Aufteilung eines Quadrats durch waagerechte, senkrechte und diagonale Linien.

Wir wollen die Blockmusterfamilie zunächst in ihre vier Hauptgruppen unterteilen: *Four Patch, Nine Patch,*

Five Patch und *Seven Patch*. Das sind in Amerika, im Zusammenhang mit *Patchwork*, fest eingeführte Begriffe, die so prägnant sind, daß sie hier beibehalten werden sollen.

Four Patch und *Nine Patch* sagen deutlich, daß es sich um 4 bzw. 9 Flicken (Patches) handelt, in die ein Quadrat unterteilt wird.
Anscheinend unlogisch ist der Begriff *Five Patch*, denn eigentlich müßte es *Twenty-Five Patch* heißen. Aber im allgemeinen Sprachgebrauch begnügt man sich mit der Abkürzung *Five Patch*.
Seven Patch ist ein Kürzel, das im Fachjargon durchaus einen Sinn ergibt: Hier geht es um ein Quadrat, das in 7 x 7 kleinere Quadrate, insgesamt 49, unterteilt ist.

Noch ein Tip zur Unterscheidung dieser vier Hauptgruppen: Stellen Sie sich ein Raster vor, in den man das Muster hineingezeichnet hat (vgl. die gestrichelten Linien in den folgenden Abbildungen).

5.1 Four Patch

Teilt man ein Quadrat durch die Mittelwaagerechte und Mittelsenkrechte, so entstehen vier kleine Quadrate. (Abb. 7)

Abb. 7

Setzt man die Unterteilung jeweils in der Mitte der Außenkanten fort, so ergeben sich 16 Quadrate (Abb. 8):

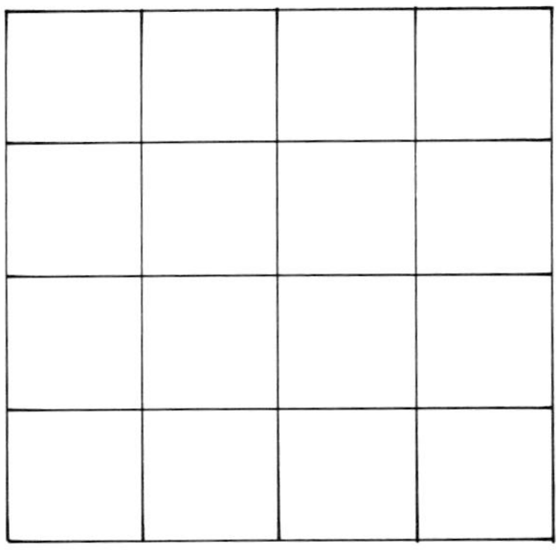

Abb. 8

Eine nochmalige Unterteilung ergibt 64 entsprechend kleinere Quadrate (Abb. 9):

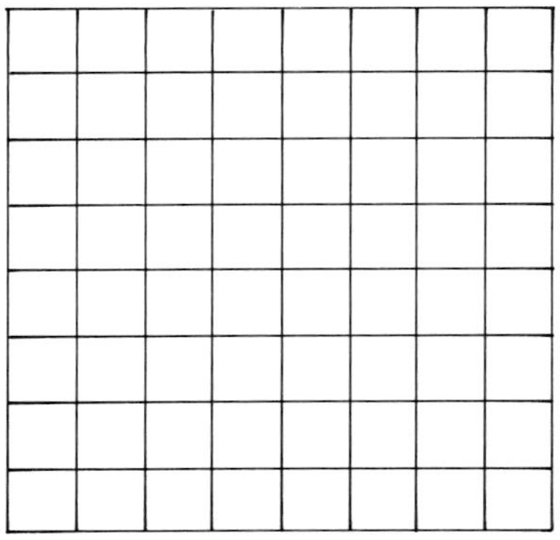

Abb. 9

Man kann diese Unterteilung auch als Zweier-, Vierer- und Achterraster bezeichnen; alle gehören zur Gruppe *Four Patch*.

Nimmt man nun noch die Diagonale als weitere Möglichkeit der Unterteilung hinzu, so erhält man schon im Zweierraster eine Fülle von Gestaltungsmöglichkeiten (Abb. 10a – h):

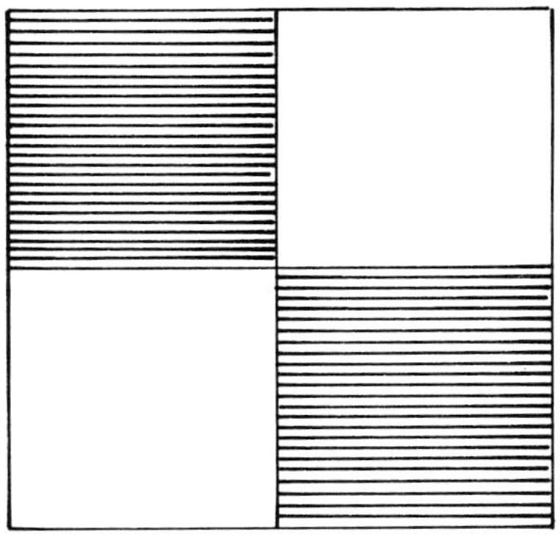

Abb. 10a
Four Patch

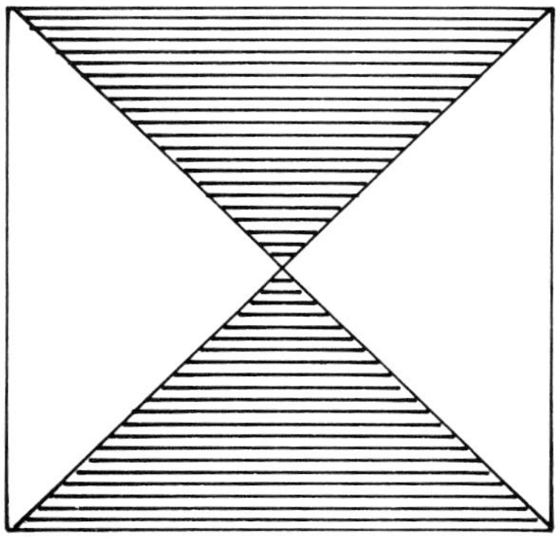

Abb. 10b

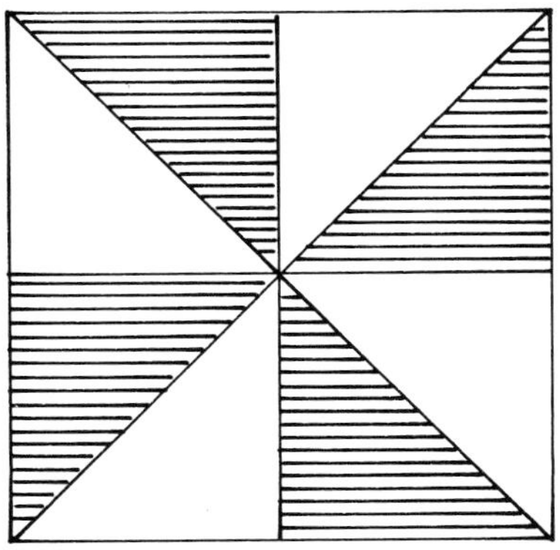

Abb. 10c
Windmill

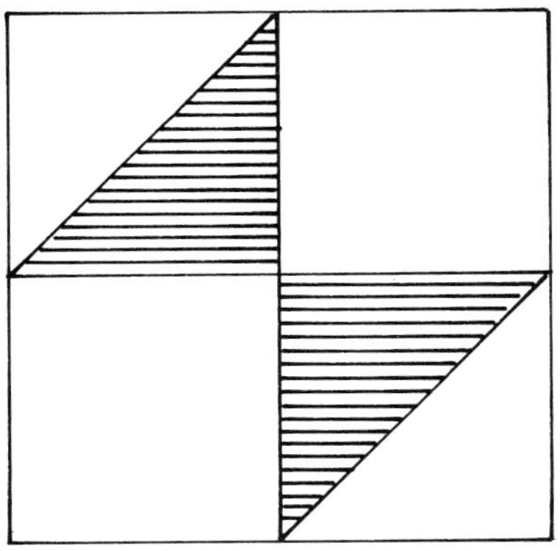

Abb. 10d
Hour Glass

Abb. 10e
Birds in Air

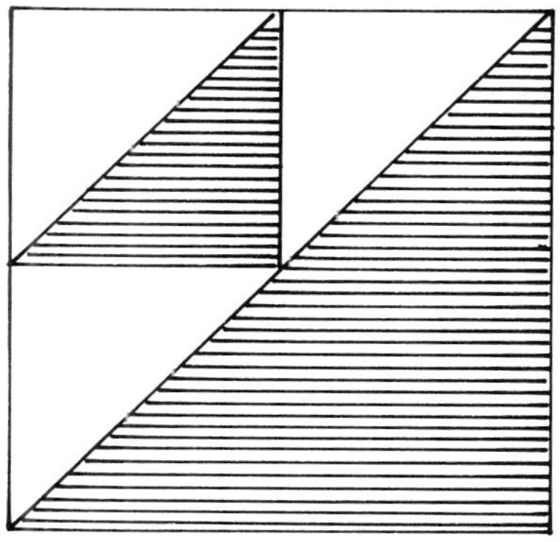

Abb. 10f
Broken Dishes

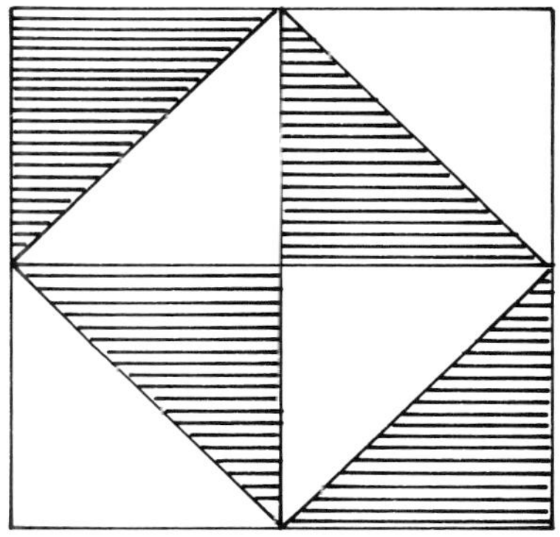

Abb. 10g
Square Within A Square

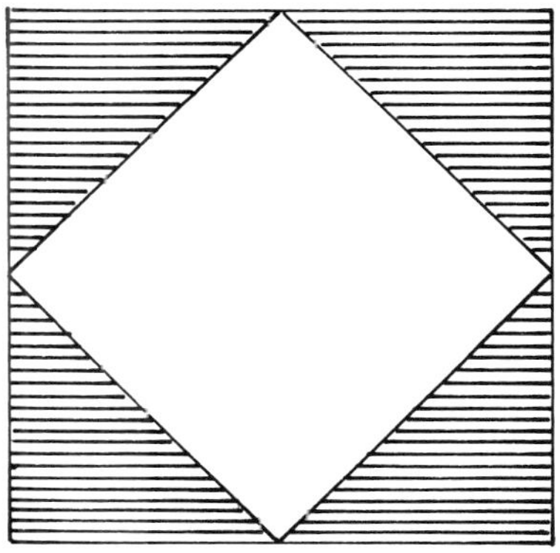

Abb. 10h
Yankee Puzzle
oder
Big Dipper

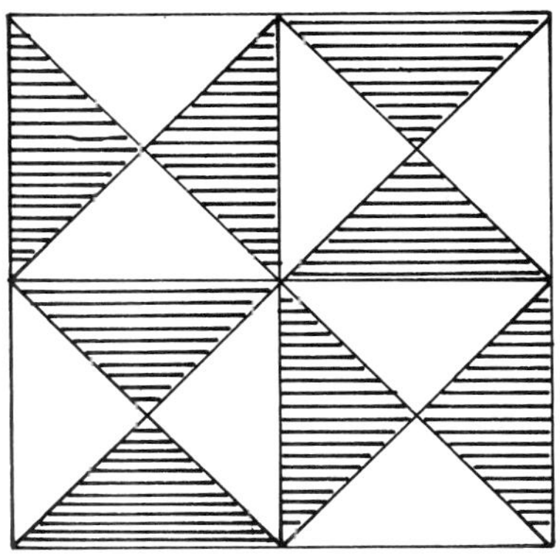

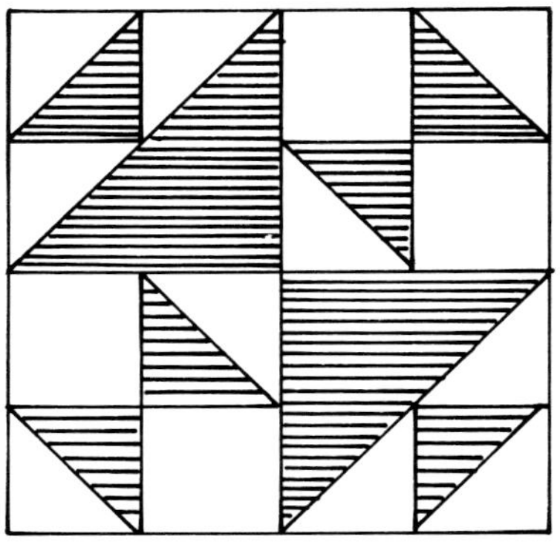

Abb. 11a
Fire Flies
oder
Crosses And Losses

Abb. 11d
Jack In The Pulpit

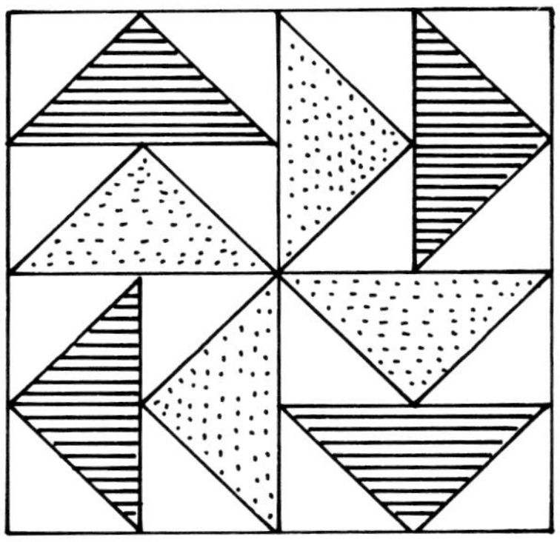

Abb. 11b
Dutchman's Puzzle
oder
Return Of The Swallows

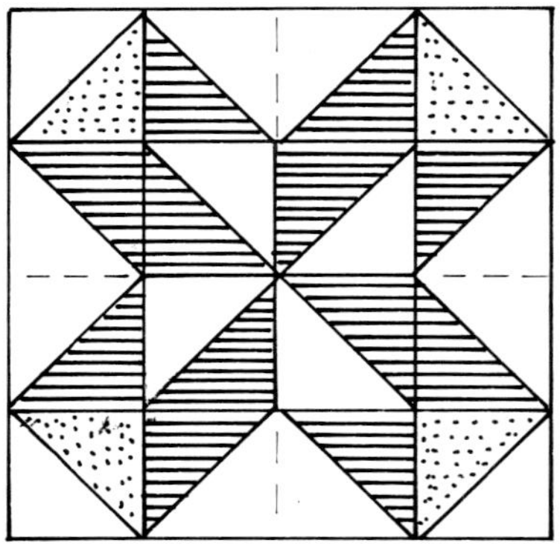

Abb. 11e
Colorado Block
oder
Star Puzzle

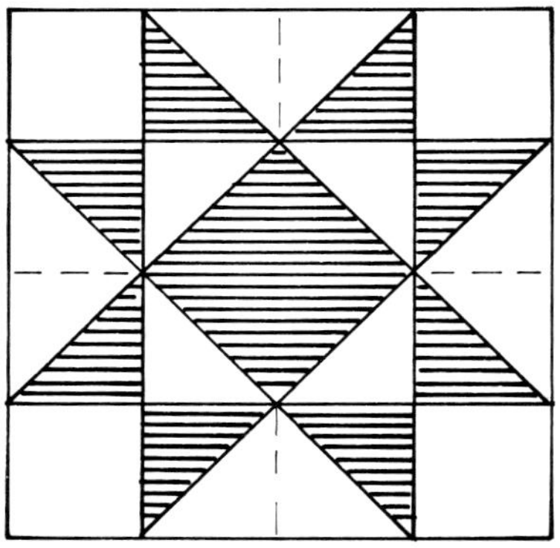

Abb. 11c
Crystal Star

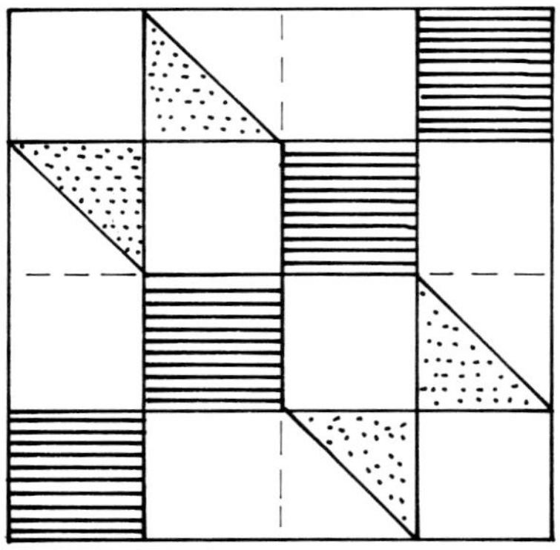

Abb. 11f
Road To Oklahoma

Je mehr man einen Block unterteilt, desto vielgestaltiger sind die Kombinationsmöglichkeiten. Eine Auswahl von Mustern im Viererraster, also mit 16 kleinen Quadraten abgebildet (Abb. 11a–h):

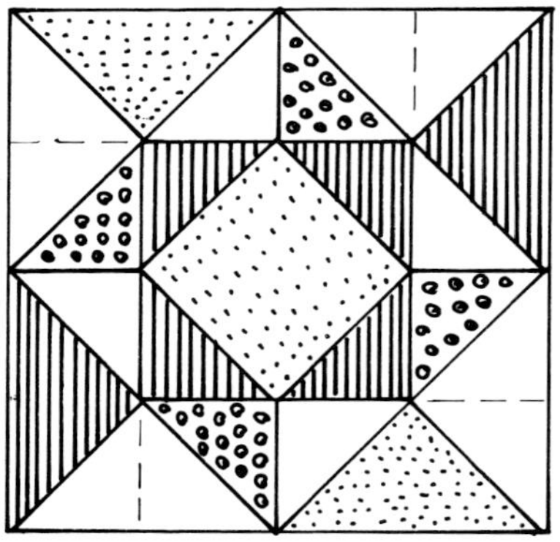

Abb. 11g
Whirl Pool,
Balkan Puzzle,
Wind-Blown Square

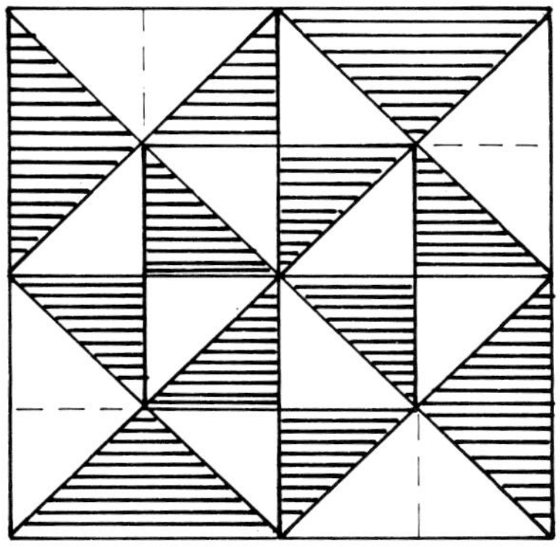

Abb. 11h
Marion's Choice

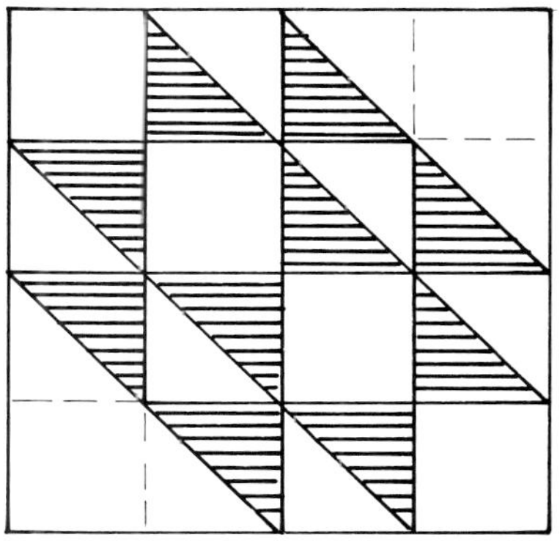

Abb. 11l
Hovering Hawks

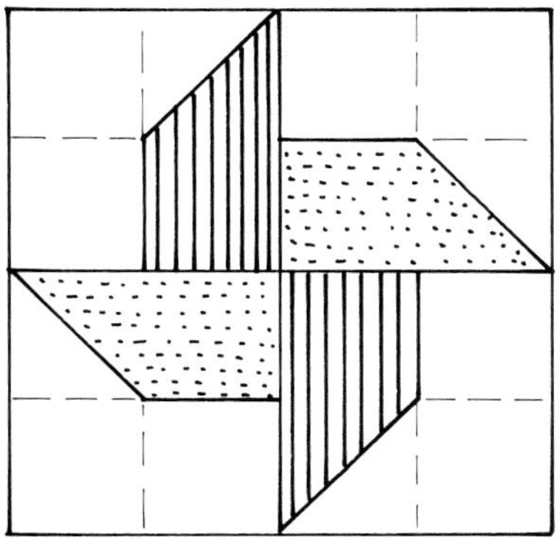

Abb. 11i
Pin Wheel

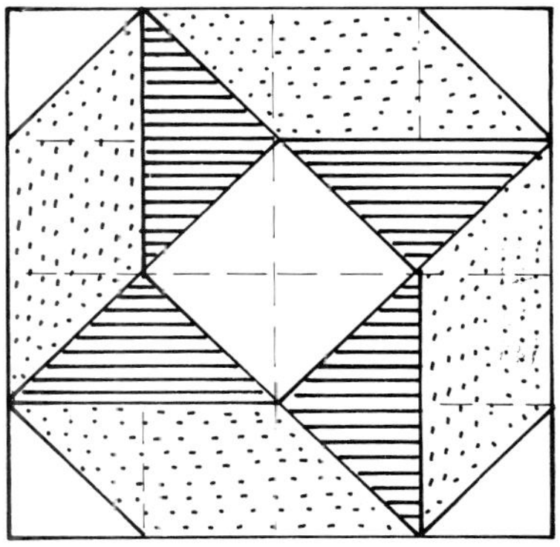

Abb. 11m
Next Door Neighbour

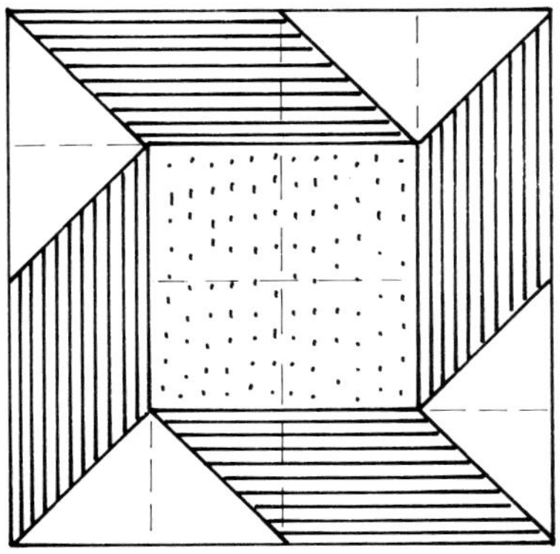

Abb. 11j
Churn Dasch
The Open Box

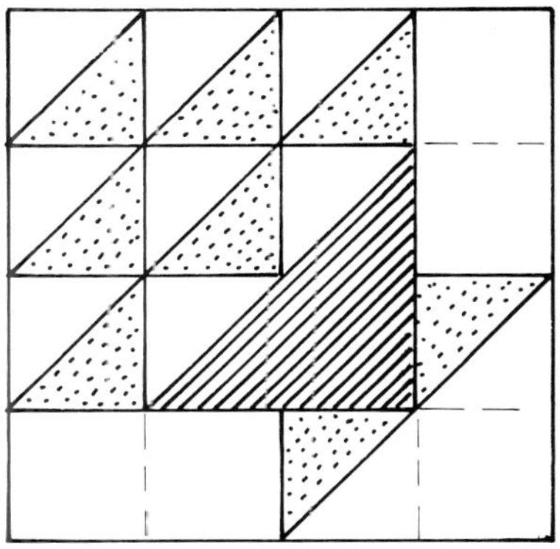

Abb. 11n
Flower Basket

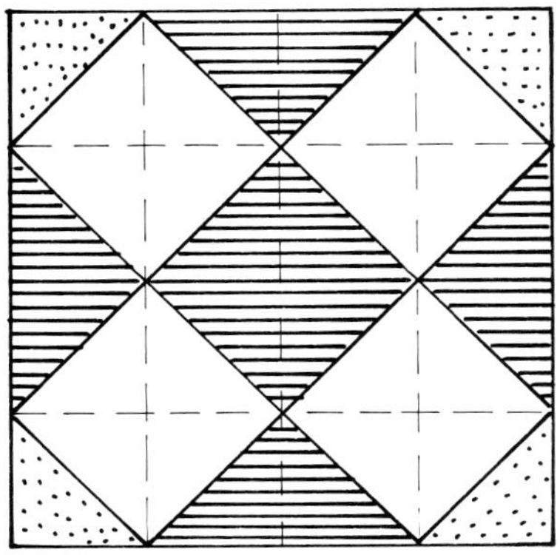

Abb. 11k
Mosaik

Verspüren Sie jetzt nicht Lust, sich mit einem Karopapier und Stift hinzusetzen und selbst ein Muster zu entwerfen?
Sie werden merken, wieviel Freude das macht.
Am Beispiel von *Fire Flies* (Leuchtkäfer, Abb. 11a) wird erklärt, wie Sie die Schablone herstellen und den Block zusammennähen.

5.1.1 Das Herstellen der Schablonen

Gehen wir von einer Blockgröße 30 x 30 cm aus. Nehmen Sie einen großen Bogen Papier, und zeichnen Sie das Quadrat in Originalgröße auf.
Um den Stoff hierfür zuzuschneiden, benötigen Sie drei Schablonen in Originalgröße:
- Das Quadrat (1) = 4mal aus hellem Stoff;
- das große Dreieck (2) = 2mal in einem dunkleren Stoff;
- das kleine Dreieck (3) = 6mal in dunklem Stoff und 10mal in hellem Stoff.

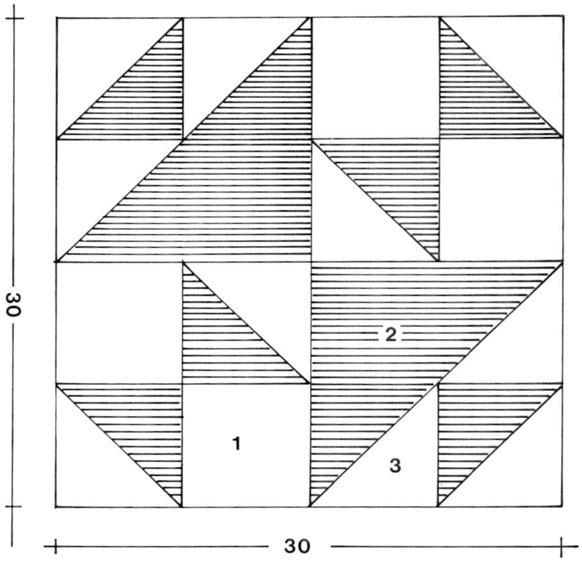

Abb. 12

Schablonen lassen sich natürlich aus dauerhafteren Materialien wie Plastik, Holz, Metall usw. anfertigen bzw. – besonders in Amerika – fertig kaufen. Aber allein das Herstellen auf konventionelle Weise, wie in der Kolonialzeit, ist reizvoll.
Schneiden Sie also die Teile 1, 2 und 3 aus Ihrer Zeichnung aus, und kleben Sie sie auf einen recht festen Karton, der sich gerade noch mit der Schere schneiden läßt. (Wenn Sie mit einem Papiermesser umgehen können, geht es noch leichter.) Nachdem der Leim getrocknet ist, schneiden Sie die Schablonen sehr sorgfältig aus. Genaue Schablonen sind die Voraussetzung für gutes Gelingen.
Für den Anfänger zu empfehlen ist, die Schablonen ohne Nahtzugabe anzufertigen. Es hat den Vorteil, daß Sie auf der Markierungslinie nähen können. Erfahrene Näherinnen richten sich nach der Breite des Nähmaschinenfüßchens. In dem Fall die Nahtzugabe an die Schablone anschneiden.

Noch ein Tip: Die Unterseite der fertigen Schablone sollten Sie mit feinem Sandpapier (Körnung 100) bekleben, damit sich der Stoff beim Markieren nicht verschiebt. Sandpapier mit 60er oder 80er Körnung ist gröber und weniger geeignet.
Noch einfacher und zeitsparender, als auf jede einzelne Schablone Sandpapier zu kleben, ist es, sich eine Pappe oder Sperrholz mit feinem Sandpapier zu bekleben. Diese Arbeitsplatte legen Sie immer dann auf den Tisch, wenn Stoffe zu markieren und zu schneiden sind. Denn auf einer glatten Unterlage rutschen die Stoffe, die Linie wird ungenau.
Schnelleres und genaueres Zuschneiden mit dem Rotary Cutter auf einer entsprechenden Unterlage.

5.1.2 Das Zuschneiden der Stoffe

Nun breiten Sie den vorgewaschenen und gebügelten Stoff mit der Rückseite nach oben vor sich aus und legen die Schablone darauf.
Mit einem weichen Bleistift (B5) bei hellen Stoffen oder einem weichen Weißstift bei dunklen Stoffen zeichnen Sie um die Schablone herum. Achten Sie darauf, daß die Eckpunkte gut zu erkennen sind.

Beachten Sie auch den Fadenverlauf des Stoffs. Jeder Stoff ist in Längsrichtung gewebt und hat an den Seiten eine Webkante. Parallel dazu läuft der Kettfaden; in dieser Richtung gibt der Stoff am wenigsten nach. In rechtem Winkel dazu verlaufen die Schußfäden. Auch in dieser Richtung geben (Baumwoll-) Stoffe nicht sehr nach. In diagonaler, also schräger Richtung hingegen lassen sich Stoffe dehnen, weshalb auch beim Kleidernähen zur größeren Dehnbarkeit Schrägstreifen verwendet werden. Anders bei Piecework. Man sollte versuchen, dem zusammengenähten Stück die gleiche Festigkeit wie einem unzerschnittenen Stück Stoff zu geben.
Damit Sie diese Faustregel auch bestimmt einhalten, sollten Sie vor dem Zuschneiden Ihre Schablone mit einem Pfeil, der den Fadenverlauf anzeigt, versehen (Abb. 13).

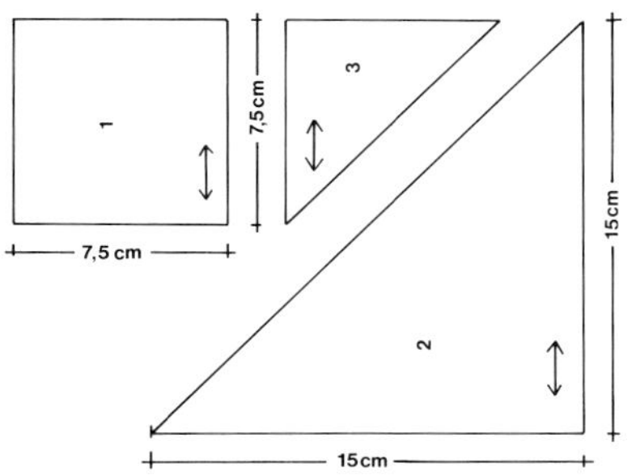

Abb. 13

Legen Sie die Schablone stoffsparend aus. Als Nahtzugabe genügen 7 mm. Nach kurzer Zeit bekommen Sie ein Augenmaß dafür und müssen nicht mehr nachmessen. Zu wenig Nahtzugabe sollte es nie sein. Aber was zu viel ist, können Sie nach dem Zusammennähen zurückschneiden.
Schneiden Sie alle Teile nach dem Zuschneideplan (Abb. 12) aus, und legen Sie sie in der richtigen Anordnung zurecht.

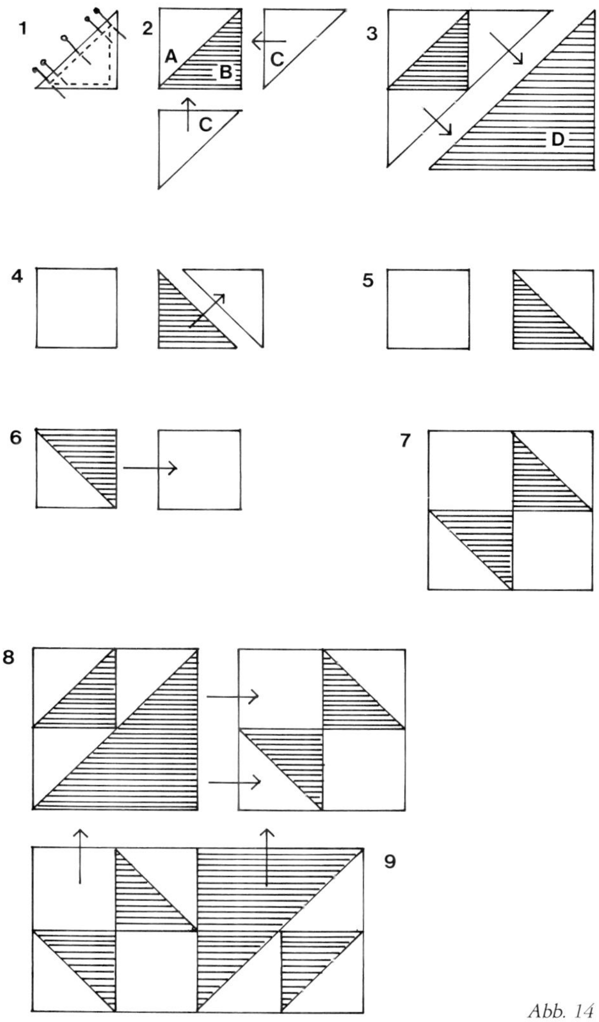

Abb. 14

5.1.3 Das Zusammennähen

Faustregel: Erst die schrägen Nähte, dann reihenweise oder ein Viertel des Blocks, nie um die Ecke nähen. Halten Sie sich an die Abbildung 14. Beginnen Sie an der linken oberen Ecke des Blocks (Schritt 2). Nehmen Sie also ein helles (A) und ein dunkles (B) kleines Dreieck auf. Als erstes wird die schräge Naht geschlossen.
Legen Sie jeweils die Vorderseiten der Stoffe aufeinander, und stecken Sie quer zur Markierungslinie exakt in die Eckpunkte eine Stecknadel (Schritt 1). Je nach Größe des Teils fixieren Sie die Markierungslinien in der Mitte nochmals mit einer oder mehreren Nadeln. Vergewissern Sie sich, daß die Nadeln genau auf der Linie den Stoff durchstechen.
Dann nähen Sie auf der Markierungslinie von Hand oder mit der Maschine. Wenn Sie mehrere gleiche Teile mit der Maschine zusammennähen, brauchen Sie sie nicht einzeln abzuschneiden. Lassen Sie das ganze Bündel aneinandergenähter Flicken seitlich herunterhängen. Das spart Zeit und hält gleiche Teile zusammen. Sie brauchen sie erst zu trennen, wenn Sie zum nächsten Schritt des Zusammennähens übergehen.
Gleich danach wird die Naht ausgebügelt, und zwar so, daß die Zugabe unter den dunkleren Stoff zu liegen kommt (damit dunkle Nahtzugaben nicht auf hellem Stoff durchscheinen). Das läßt sich nicht immer streng einhalten. Wenn mehrere Nähte zusammentreffen, schlägt man die Nahtzugaben nach verschiedenen Seiten, damit sie einigermaßen gleichmäßig verteilt werden und wenig auftragen.
Nun fügen Sie an das Dreieck B die beiden hellen Dreiecke C an. Danach nähen Sie das große Dreieck D mit dem aus A, B und C bestehenden Dreieck zusammen (Schritt 3).
Ausgebügelt legen Sie dieses erste Viertel zurück an seinen Platz.
Nun beginnen Sie mit dem rechten oberen Viertel des Blocks (Schritt 4). Sie schließen wieder die schrägen Nähte als erstes und halten dann die Schritte 5, 6,7 ein.
Wenn alle vier Viertel zusammengefügt sind, verbinden Sie je zwei durch eine Naht (Schritt 8).
Zuletzt werden die beiden Hälften verbunden.

Wer mit der Maschine näht, sollte mit geraden Nähten auskommen. Bei dem Block *Pin Wheel* oder *Churn Dash* (Abb. 11c und d) können Sie z. B. die Flügel in Dreiecke und Quadrate aufteilen, so daß der Block reihenweise und nur mit geraden Nähten zusammengefügt werden kann.
In Abb. 11 zeigen die gestrichelten Linien den Raster und die Möglichkeit, eine Fläche zu unterteilen, damit nur gerade Nähte notwendig sind.

Falls Sie im Zeichnen nicht geübt sind, raten wir Ihnen, die Muster zu falten. Nehmen Sie also ein der Größe des Blocks entsprechendes Stück Papier, und falten Sie es halb in jeder Richtung und diagonal. Auf diese Weise kommen Sie sogar zu ziemlich komplizierten Aufteilungen. In der Regel sind jedoch exakt gezeichnete und zugeschnittene Schablonen der bessere (weil genauere) Weg.

5.2 Nine Patch

Zur Gruppe der *Nine Patch*-Muster gehören alle, die aus neun Quadraten bestehen, also nach einem Dreierraster so angeordnet sind (Abb. 15):

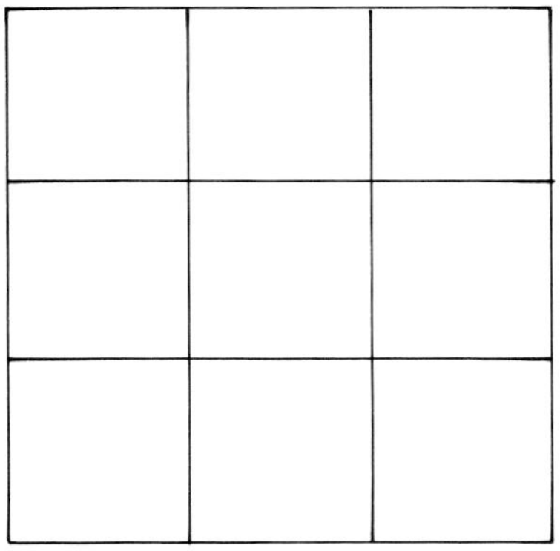

Abb. 15

Oder nach einem Sechserraster aus 6 x 6 Quadraten, insgesamt 36, bestehen (Abb. 16):

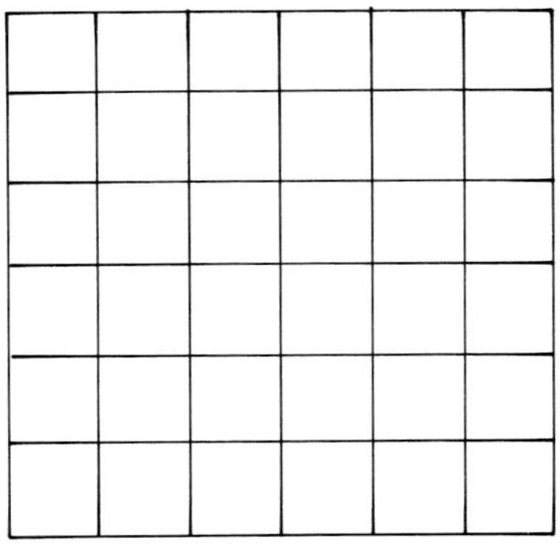

Abb. 16

Falls Ihr Quadrat eine Größe hat, die sich schlecht durch 3 teilen läßt, gehen Sie wie folgt vor:
Sie zeichnen Ihr Quadrat auf, das – angenommen – eine Kantenlänge von 13,5 cm mißt. Dann nehmen Sie ein Lineal und legen es so an, daß der 0-Punkt auf einem Eckpunkt liegt, und wählen eine Zentimeterzahl, die größer als die der Seite ist und sich gut durch 3 teilen läßt. In unserem Fall könnte es eine 18 sein.
Nun bewegen Sie das Lineal um den Eckpunkt so lange auf oder ab, bis die 18-cm-Markierung sich mit der gegenüberliegenden Seite schneidet. Markieren Sie die Dreiteilung bei 6 und 12 durch einen Punkt.
Ziehen Sie dann Parallelen zu der Seite des Quadrats. Verfahren Sie genauso mit den entgegengesetzten Linien.

Die Abbildungen 17a–p zeigen eine Auswahl beliebter traditioneller Muster im Nine Patch, die Sie, wie im Kapitel *Four Patch* erklärt, nacharbeiten können. Beachten Sie, welche Teile des Blocks Sie hervorheben wollen, und versuchen Sie als erstes, durch einen Hell-Dunkel-Kontrast die Flächen gegeneinander abzuheben. Manchen Menschen fällt es gar nicht auf, daß die abgebildeten Blöcke unterschiedlich sind.

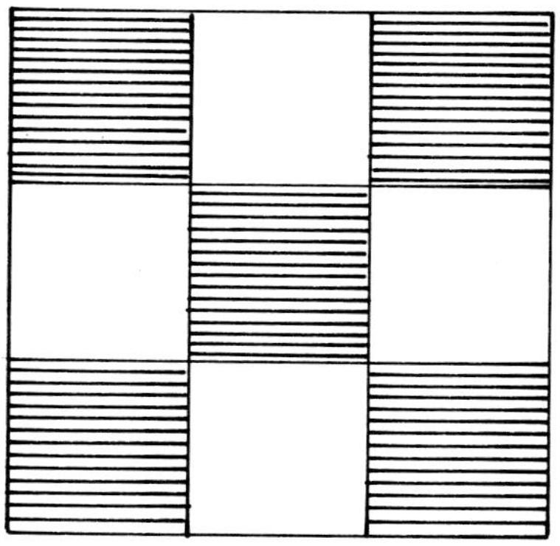

Abb. 17a
Nine Patch

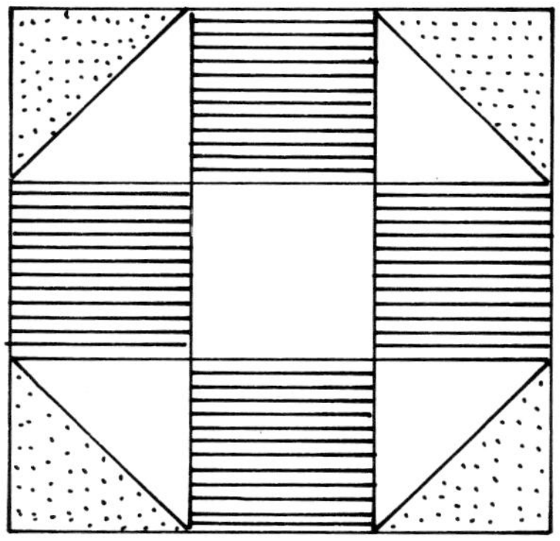

Abb. 17b
Shoo Fly

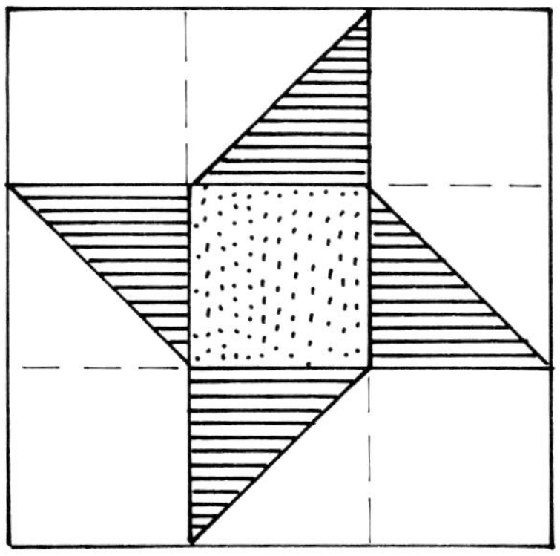

Abb. 17c
Friendship Star

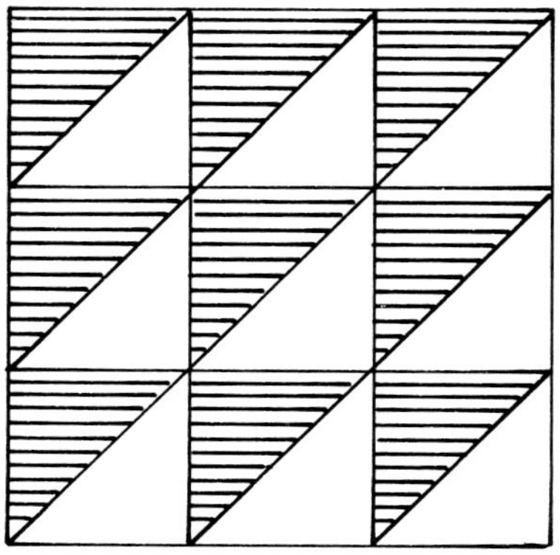

Abb. 17d
Triangles

Abb. 17e
Ohio Star

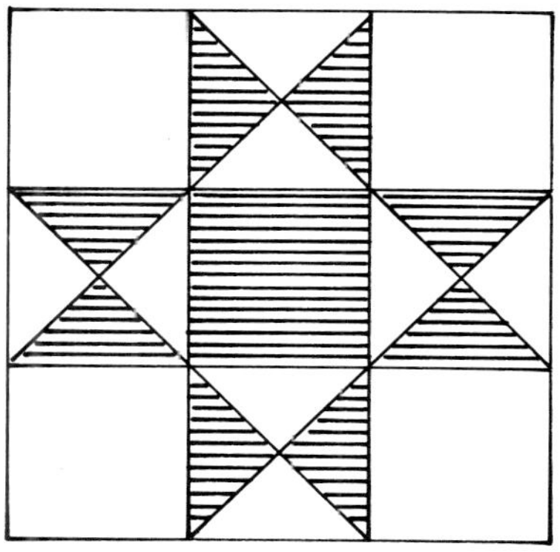

Abb. 17f
Hour Glass

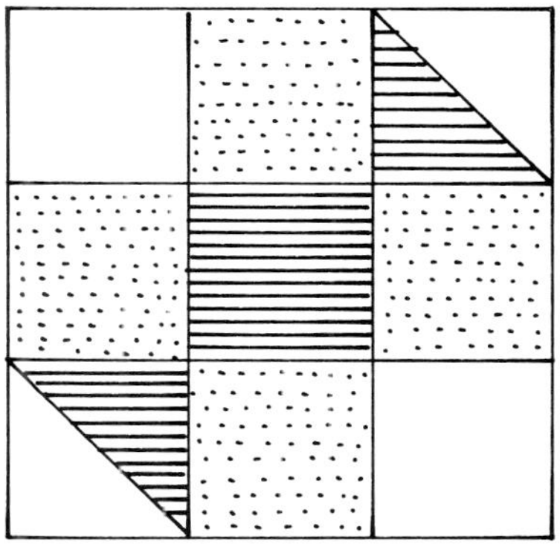

Abb. 17g
Spool

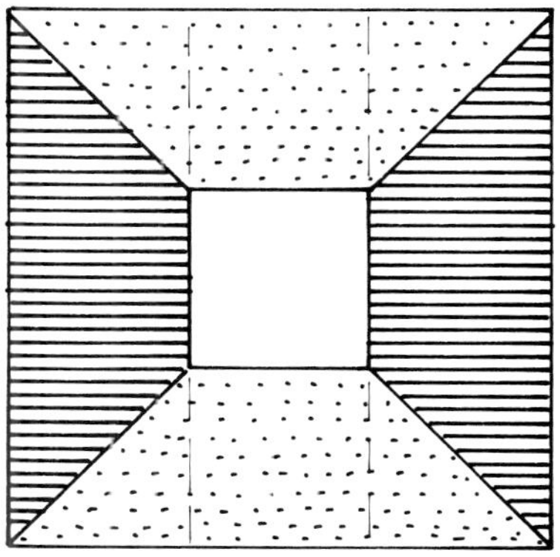

Abb. 17h
Box Quilt

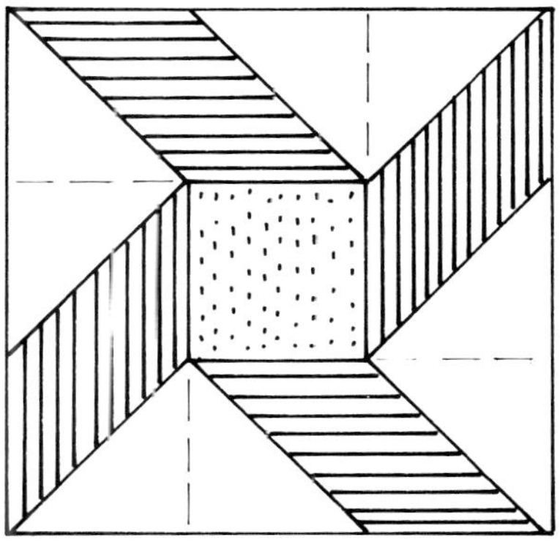

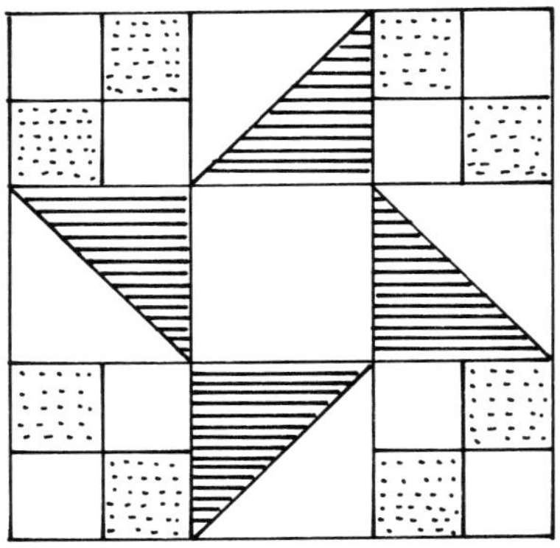

Abb. 17i
Indian Puzzle
oder
Water Wheel

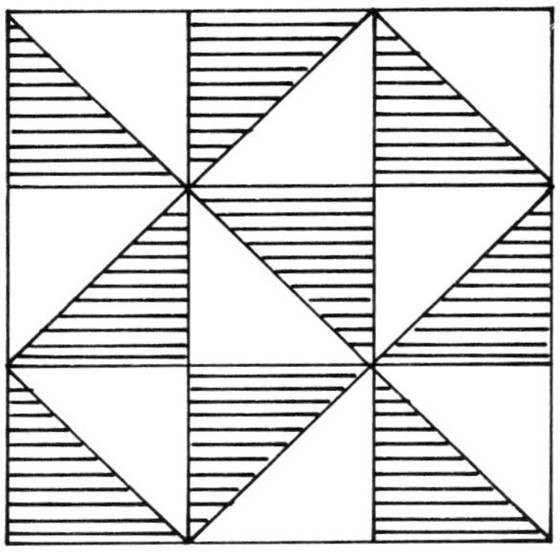

Abb. 17j
The Jo-Jo Quilt
oder
Pin Wheel

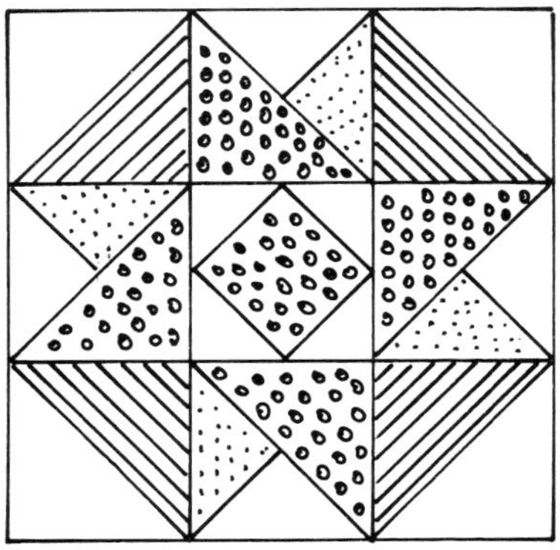

Abb. 17k
Air Castle

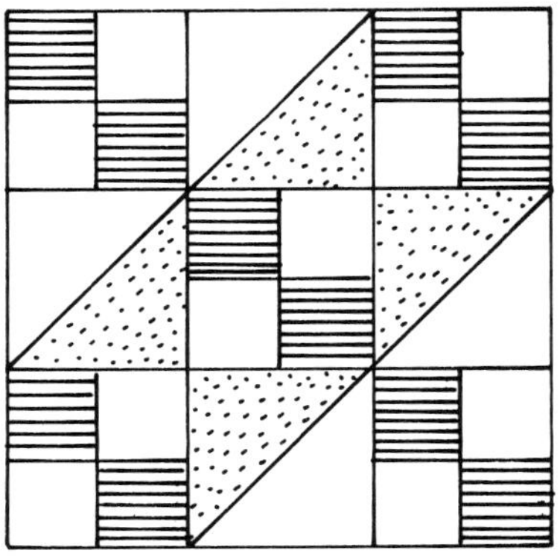

Abb. 17l
Jacob's Ladder

Abb. 17m
Double X

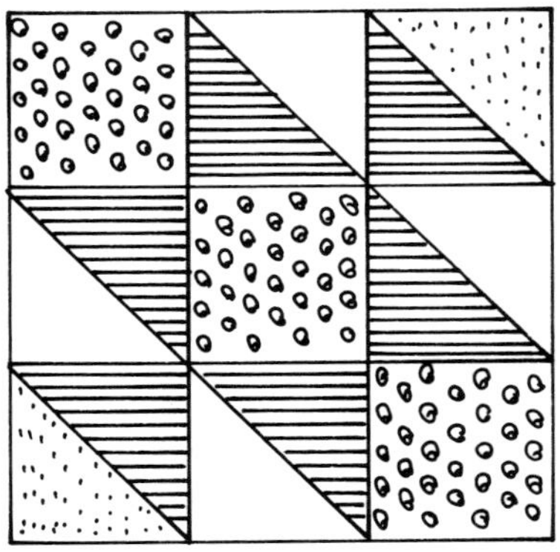

Abb. 17n
Double T

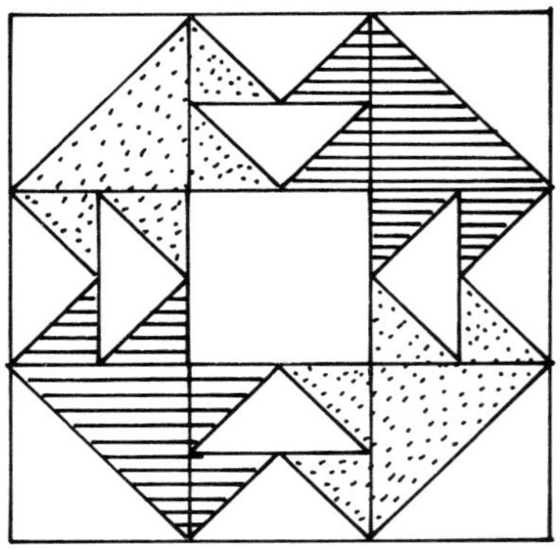

Abb. 17o
Weather Vane
oder
Indian Trail

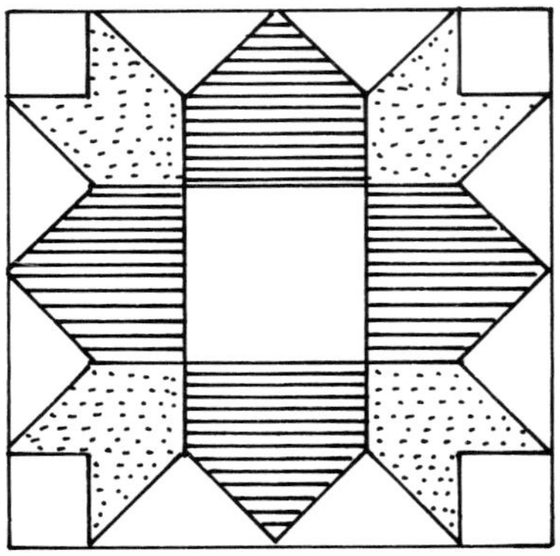

Abb. 17p
Crown Of Thorns

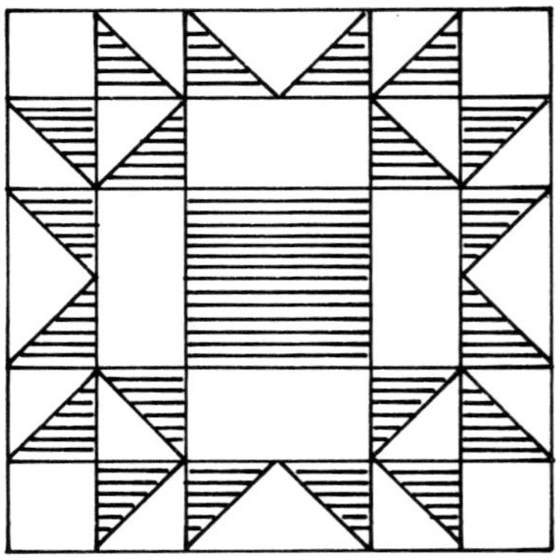

Abb. 18a
Nine Patch

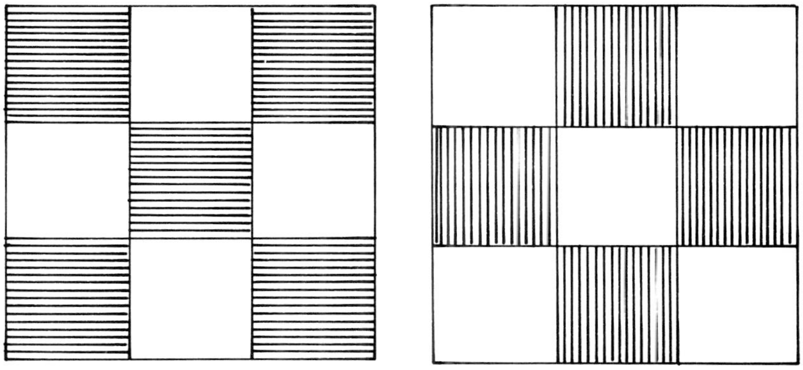

Abb. 18b
Shoo Fly

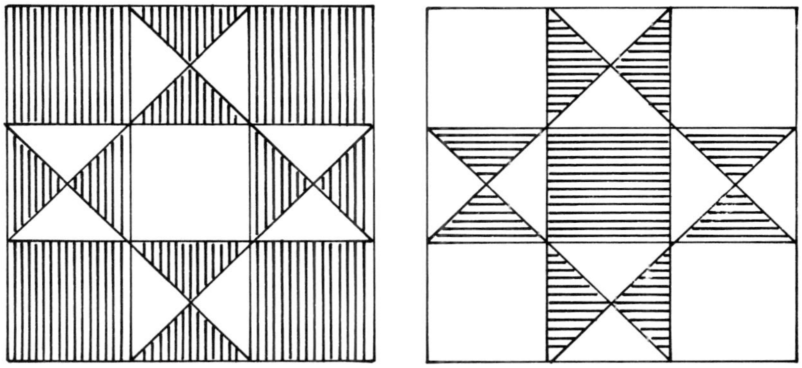

Abb. 18c
Ohio Star

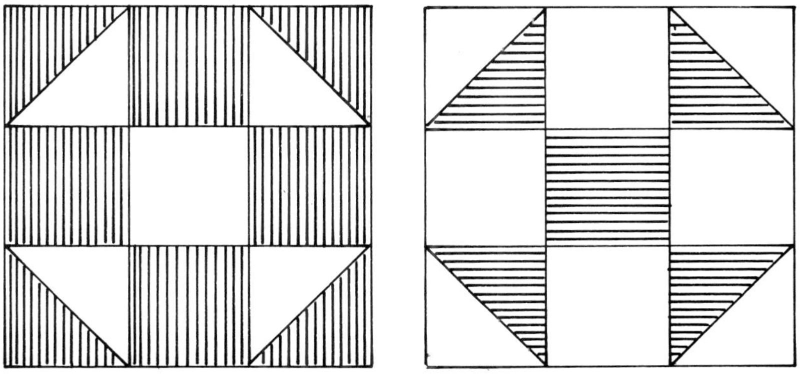

Wenn Sie die Abbildung 18a–c betrachten, werden Sie feststellen, daß die Blöcke je zweimal abgebildet sind. Doch bei Abbildung 18a einmal sind fünf von den neun Quadraten dunkel, bei dem anderen sind diese fünf Quadrate hell. Die Wirkung ist unterschiedlich.

Beim Herstellen eines Quilts sollten Sie die einmal angefangene Ordnung beibehalten. Machen Sie sich dieses Prinzip nicht klar, so kann es passieren, daß plötzlich ein falscher Block wie gerade besprochen dazwischengerät.

Bei alten Amish-Quilts kann man solche Fehler immer wieder beobachten. Der Block erhält ein anderes Gesicht; es kann sogar schwierig sein, zu erkennen, daß es sich um den gleichen Block handelt. Solche Fehler wurden möglicherweise bewußt eingebaut, wie schon eingangs erwähnt.

5.3 Five Patch

Je intensiver ein Block unterteilt wird, desto vielgestaltiger das Muster. Der klassische *Five Patch* zählt 25 kleine Quadrate und sieht so aus (Abb. 19):

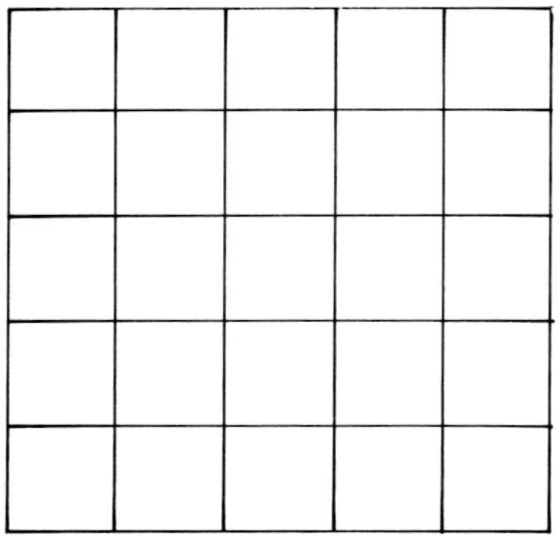

Abb. 19

Eine nochmalige Unterteilung ergibt 100 kleinere Quadrate, die folgendermaßen angeordnet sind (Abb. 20):

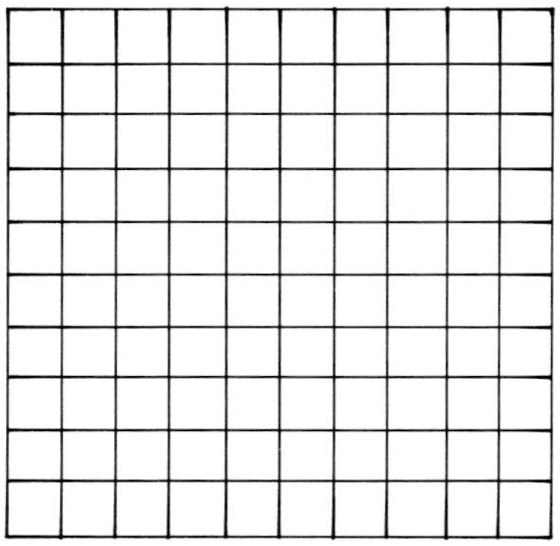

Abb. 20

Wenn Sie einen Block sehen und nicht gleich erkennen können, zu welcher Gruppe er gehört, legen Sie in Gedanken ein Raster darüber.
Hier einige beliebte *Five Patch*-Muster, die Sie nacharbeiten oder abwandeln können (Abb. 21a–h):

Wie Sie sehen, gibt es beim *Five Patch* (wie übrigens auch beim *Nine Patch*) oft einen Mittelpunkt. Manchmal hat es den Anschein, als hätte man vier Blöcke der Gruppe *Four Patch* zusammengefügt.

Abb. 20a

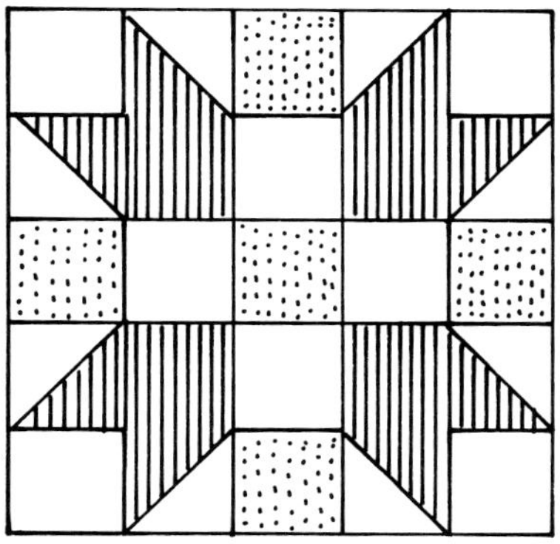

Abb. 21a
Father's Choice

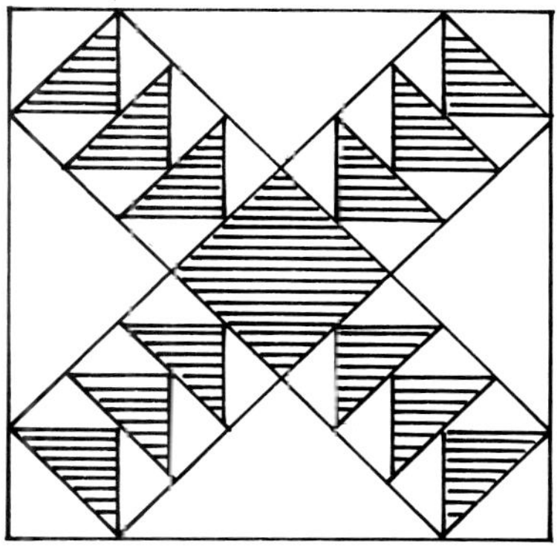

Abb. 21e
Wild Goose Chase

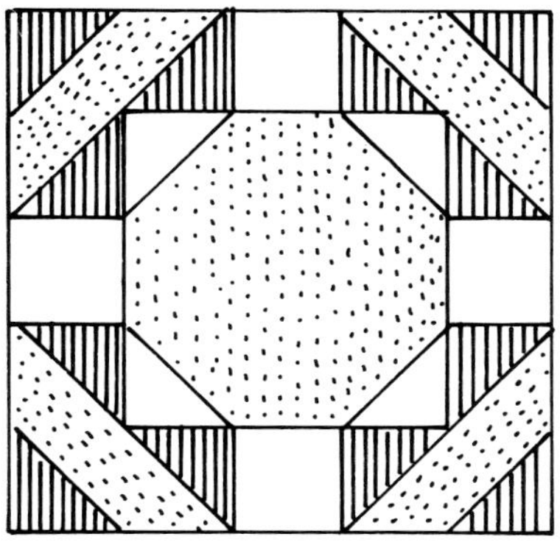

Abb. 21b
Square Dance

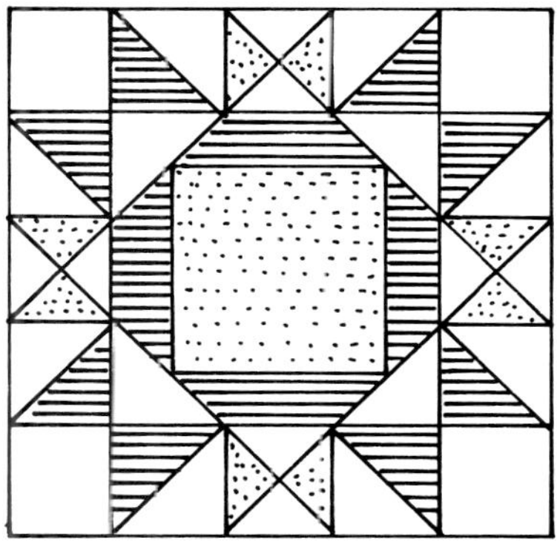

Abb. 21f
King David's Crown

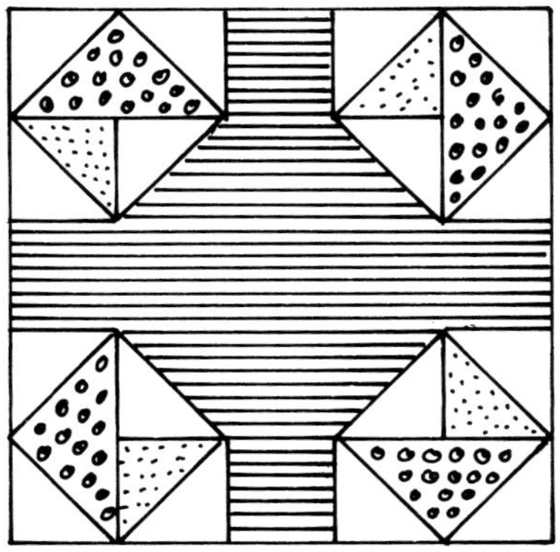

Abb. 21c
Jack In The Box

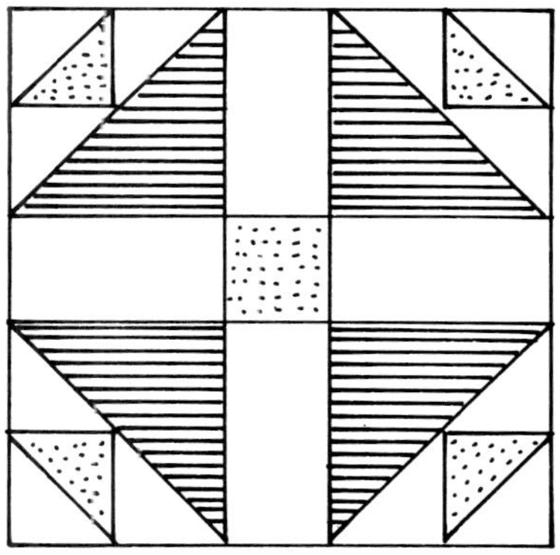

Abb. 21g
Duck And Ducklings
oder
Corn And Beans
oder
Handy Andy

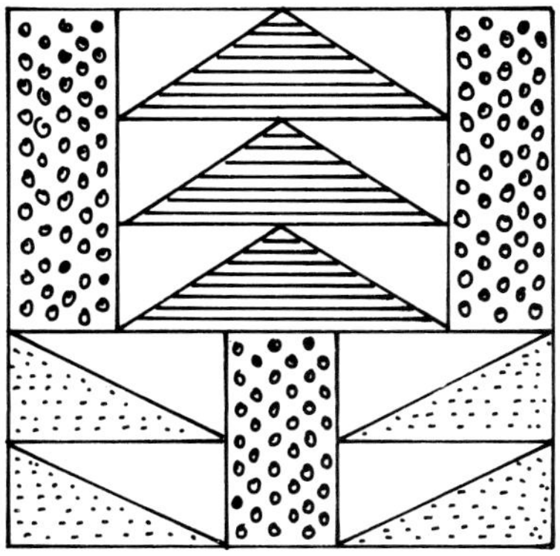

Abb. 21d
Tall Pine Tree

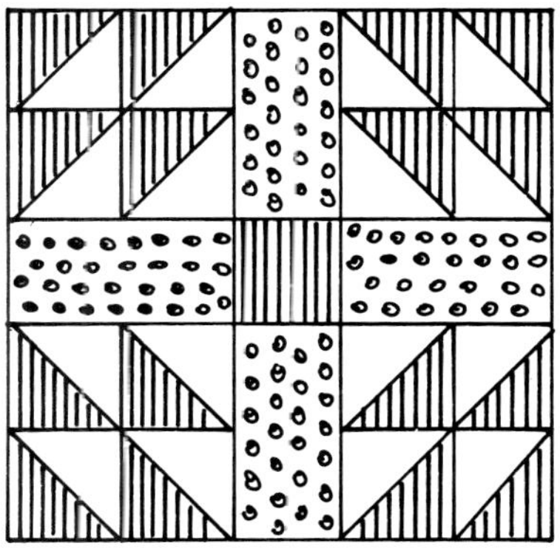

Abb. 21h
Flying Geese

5.4 Seven Patch

Zum Abschluß der Blockmuster noch das im Siebenerraster, das 49 kleine Quadrate zählt (Abb. 22):
Die folgenden traditionellen sechs Pieceworkmuster sind im Siebenerraster gefertigt (Abb. 23a–f):

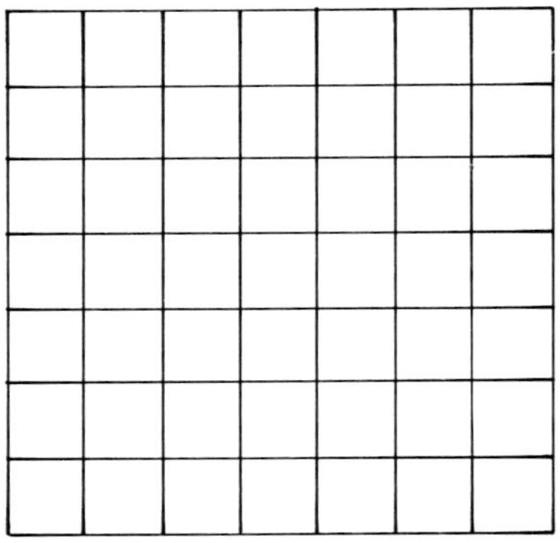

Abb. 22

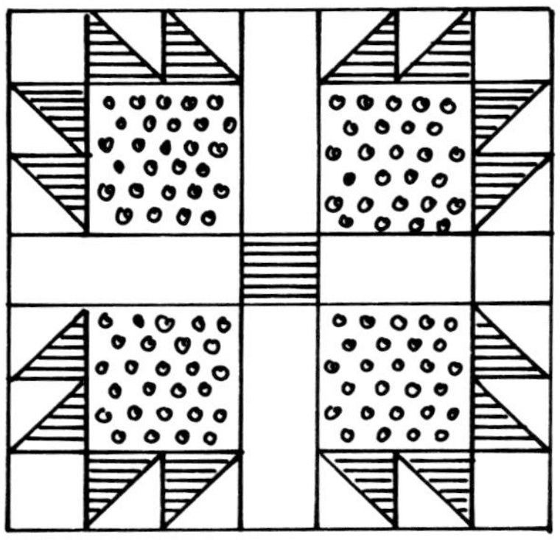

Abb. 23a
Bear's Paw
oder
Duck' Foot In The Mud
oder
Hand Of Friendship

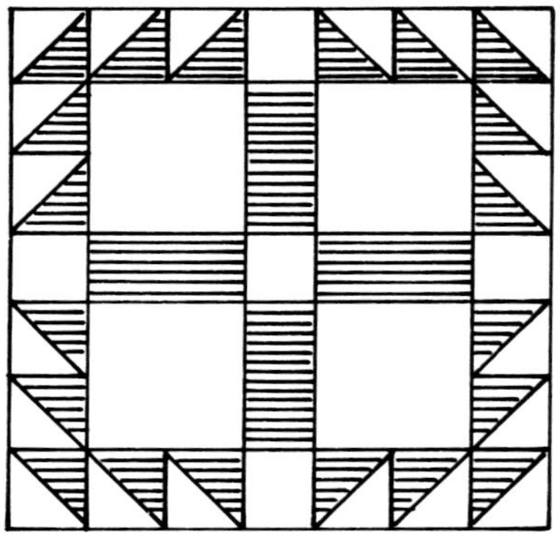

Abb. 23b
Surprise Package
oder
Hen And Chickens

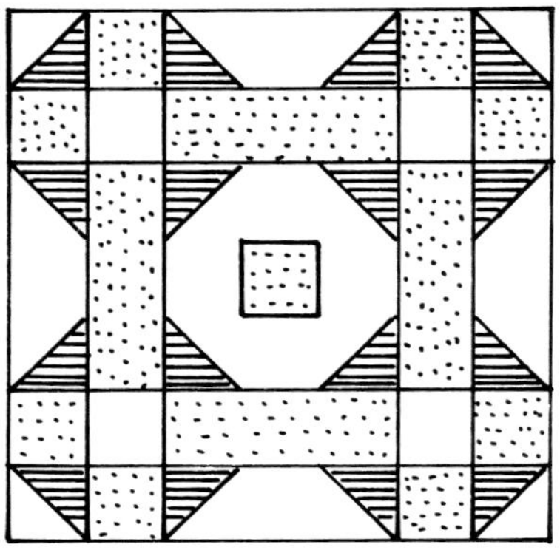

Abb. 23c
Greek Cross

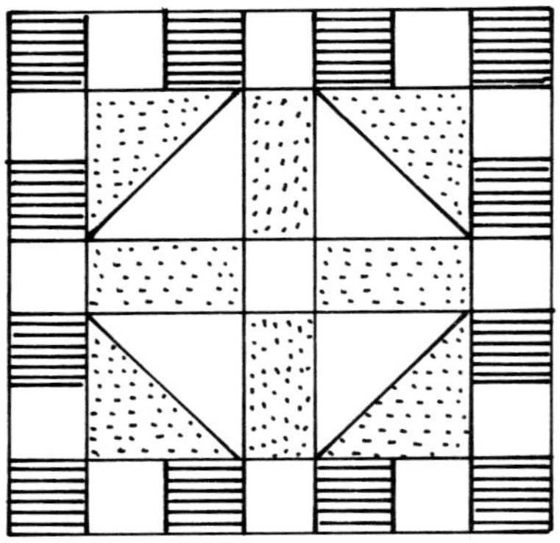

Abb. 23d
Lincoln's Platform

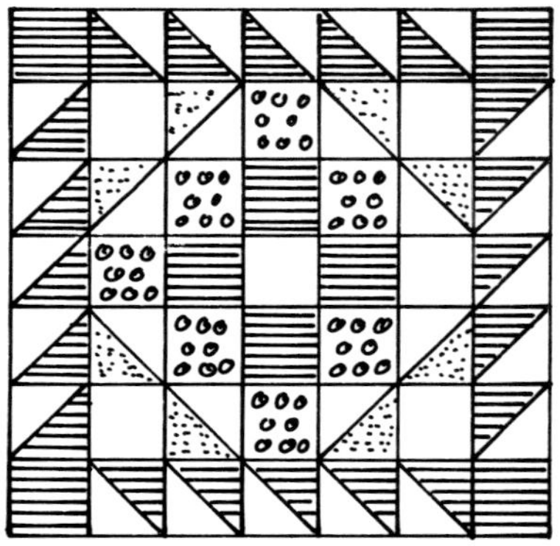

Abb. 23e
Prickly Pear

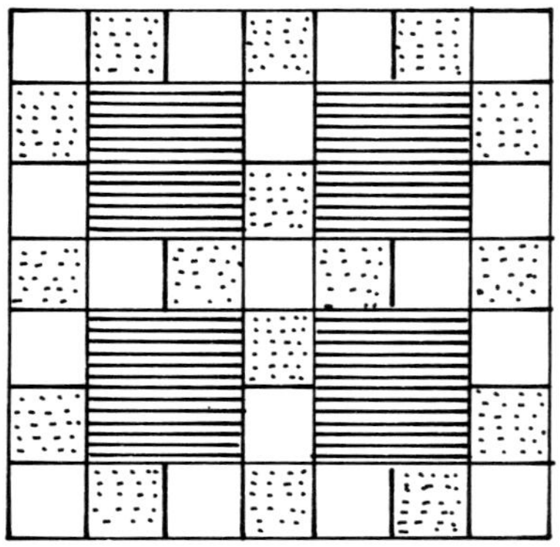

Abb. 23f
Checkers

5.5 Sechseck

Das Sechseck, eines der ältesten geometrischen Patchworkmuster, ist besonders in Großbritannien beliebt.

5.5.1 Grandmother's Flower Garden

Man kann Sechsecke ungeordnet, so wie sie kommen, aneinanderfügen und erstaunliche Wirkungen erzielen. Oder Sie reihen sie in geordneter Form aneinander, wie in Grandmother's Flower Garden. Hier haben wir ein Sechseck in der Mitte, sechs gleichfarbige darum herum und einen Kranz von zwölf gleichfarbigen Sechsecken anschließend. Diese Anordnung wiederholt sich, bis die Fläche des Quilts ausgefüllt ist.

„Blütenmeer"
1988 von Helga Weise
141 x 200 cm

5.5.1.1 Das Anfertigen eines Sechsecks

Entscheiden Sie zunächst, welche Kantenlänge Ihr Sechseck haben soll. Nehmen Sie diese Zentimeteranzahl in den Zirkel, und schlagen Sie einen Kreis. Zeichnen Sie eine Linie durch die Mitte des Kreises (Abb. 24):

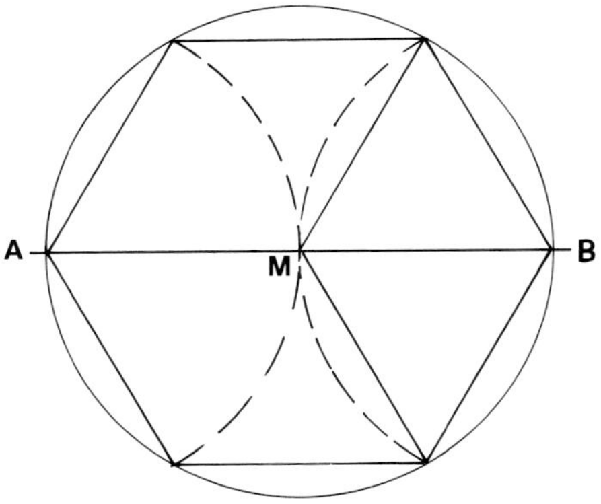

Abb. 24

Die Schnittpunkte sind A und B. Nun stechen Sie in A die Zirkelspitze ein und schlagen mit demselben Radius einen Halbkreis durch den Mittelpunkt. Sie erhalten auf dem Kreisumfang zwei Punkte.
Wiederholen Sie diesen Vorgang von Punkt B aus. Dann verbinden Sie alle sechs Punkte miteinander: Ihr Sechseck ist fertig! Der nächste Schritt ist die Herstellung einer Schablone.
Sechsecke lassen sich nur schlecht mit der Maschine zusammennähen. Deshalb soll hier kurz die englische Methode (die übrigens nicht nur für Sechsecke gilt) des Zusammennähens erklärt werden.
Zeichnen Sie mit Hilfe Ihrer Pappschablone das Sechseck mindestens 19mal auf dünnes Packpapier. (Es sollte Papier sein, das steifer als Schreibpapier ist, aber nicht so fest wie Karton, also gerade noch gut mit einer Nadel zu durchstechen ist).
Schneiden Sie diese Sechsecke sorgfältig aus. Danach stecken Sie sie auf die Rückseite der ausgewählten Stoffe, lassen etwas mehr Nahtzugabe (etwa 1 cm) stehen und schneiden den Stoff aus. Knicken Sie den Stoff über die Kanten des Papiers, und nähen Sie ihn mit einem Reihfaden fest.
Wenn Sie eine größere Menge von Sechsecken soweit vorbereitet haben, werden diese gebügelt. Danach sind die Kanten schön scharf.
Legen Sie nun zwei Sechsecke mit der Vorderseite gegeneinander, und nähen Sie sie möglichst fein aneinander. Später lösen Sie den Reihfaden und nehmen das Papier heraus. Es kann weiterverwendet werden.

5.5.2 Baby Block

Beim genauen Hinsehen erkennen Sie, daß das Muster aus drei Rhomben besteht, die ein Sechseck ergeben. Ordnet man die Rhomben so an, daß immer an der gleichen Stelle ein heller, mittlerer oder dunkler Farbton erscheint, entsteht eine plastische Wirkung wie aufgeschichtete Bauklötze – daher auch der Name *Baby Block* (Abb. 25).
Beim Zeichnen des Rhombus können Sie wieder vom Sechseck ausgehen. Verbinden Sie dann aber jeden zweiten Punkt folgendermaßen mit dem Mittelpunkt (Abb. 24).

Abb. 25

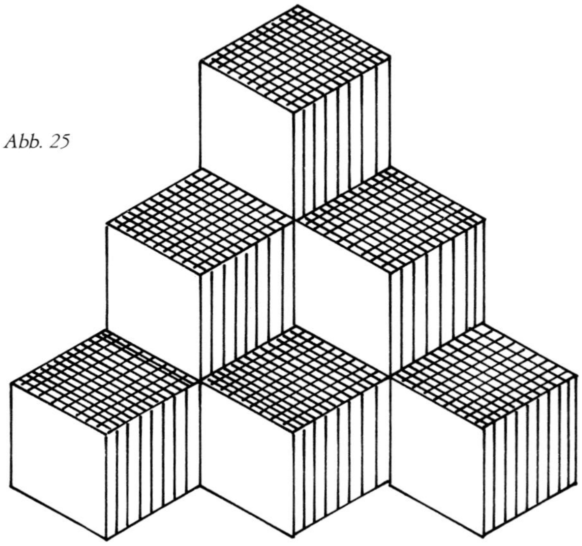

Natürlich können Sie den Rhombus auch gleich mit einem Winkelmesser zeichnen. Alle vier Kanten sind gleich lang und laufen parallel. Die sich gegenüberliegenden Winkel messen 60° und 120° (Abb. 26):

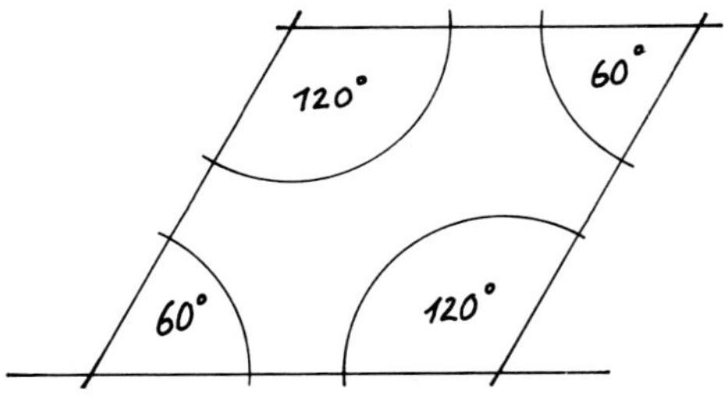

Abb. 26

rechte Seite
„Baby Block"
1984 von F. Kohlhaußen
143 x 235 cm

5.5.3 Inner City

Einen ähnlich plastischen Effekt erzielen Sie mit *Inner City,* einem treffenden Patchworkmuster für die scheinbar aufgetürmten Häuserblöcke.
Auch hier ist die Anordnung heller, mittlerer und dunkler Stoffe zu beachten. Sie erkennen, daß hier ein Sechseck halbiert wird. Jeweils zwei Hälften, die etwas über Eck zusammengenäht werden, haben die gleiche Farbe (Abb. 27/28):

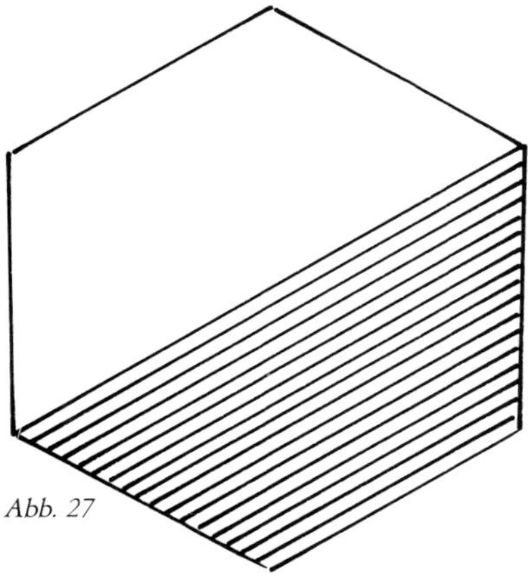

Abb. 27

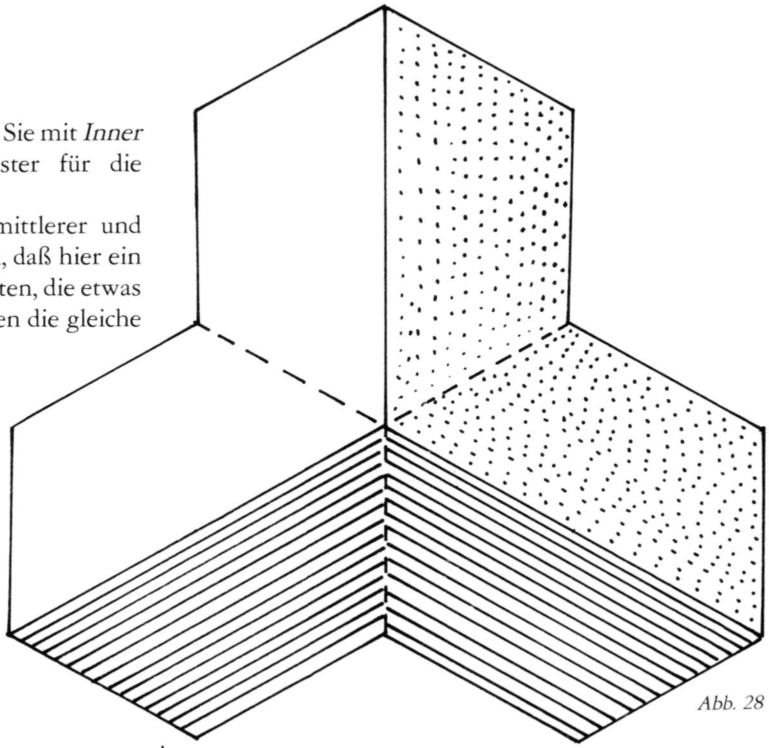

Abb. 28

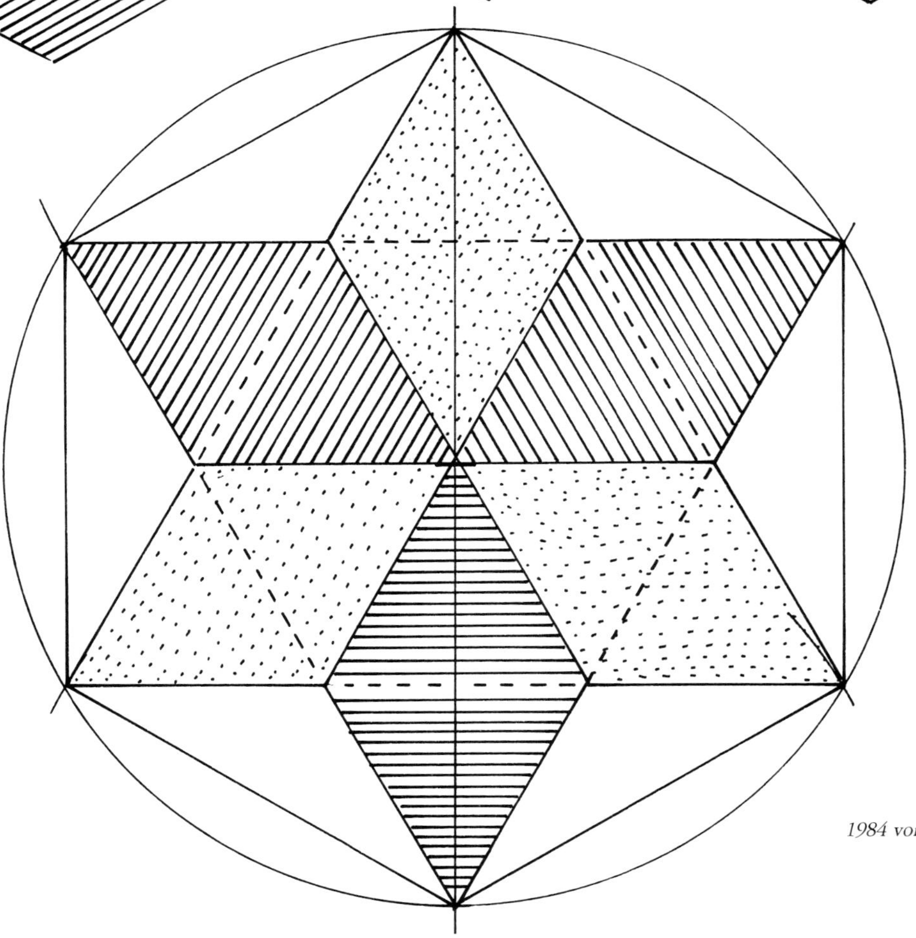

Abb. 29

rechte Seite
„Inner City"
1984 von F. Kohlhaußen
105 x 140 cm

5.5.4 Sechszackiger Stern

Auch der *sechszackige Stern* wird aus dem Sechseck entwickelt und kann sehr effektvoll mit einem einfachen Sechseck kombiniert werden (Abb. 30):

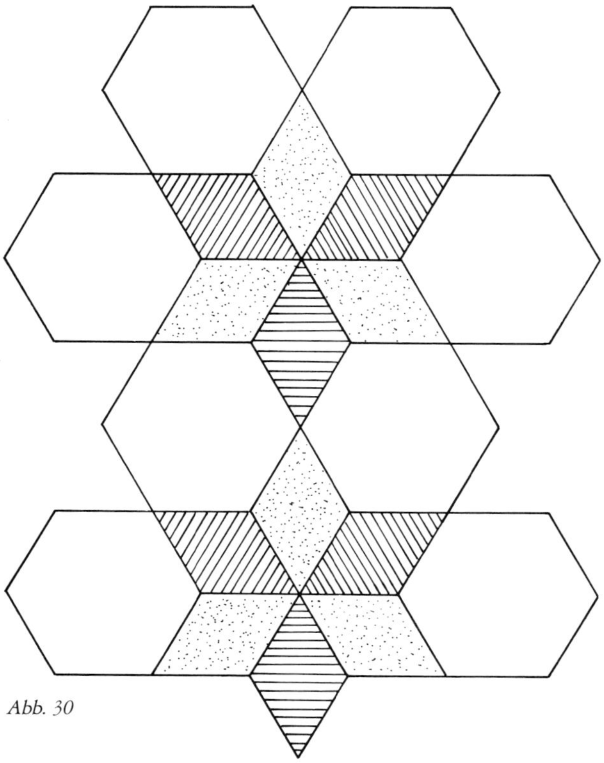

Abb. 30

Die nächste Abbildung zeigt vier weitere Variationen, die Sechsecke und Rhomben wirkungsvoll kombinieren (Abb. 31a–d).

5.5.4.1 Das Herstellen des Schnittmusters

Zeichnen Sie ein Sechseck. Verbinden Sie jeden zweiten Punkt durch eine Linie miteinander, so daß ein Dreieck entsteht.
Verbinden Sie nun die ausgelassenen Punkte miteinander. Das zweite Dreieck überschneidet jetzt das erste (vgl. 31b).
Verbinden Sie nun die Schnittpunkte durch den Mittelpunkt miteinander. Es entsteht der *sechszackige Stern* (Abb. 29), der innerhalb des Sechsecks liegt.

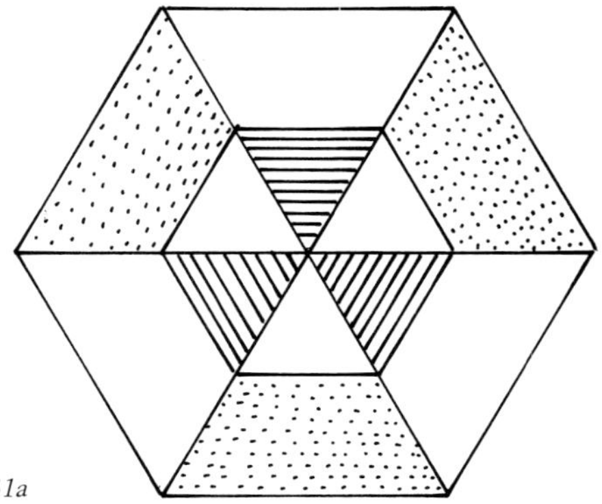

Abb. 31a

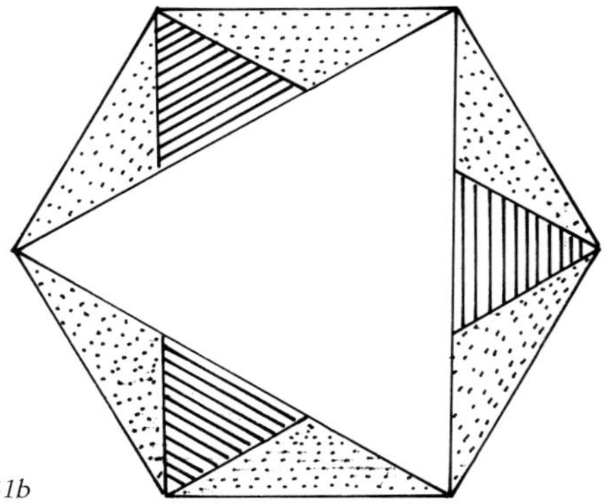

Abb. 31b

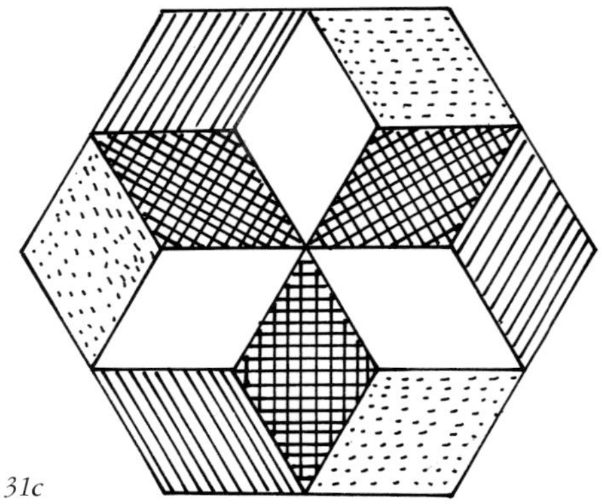

Abb. 31c

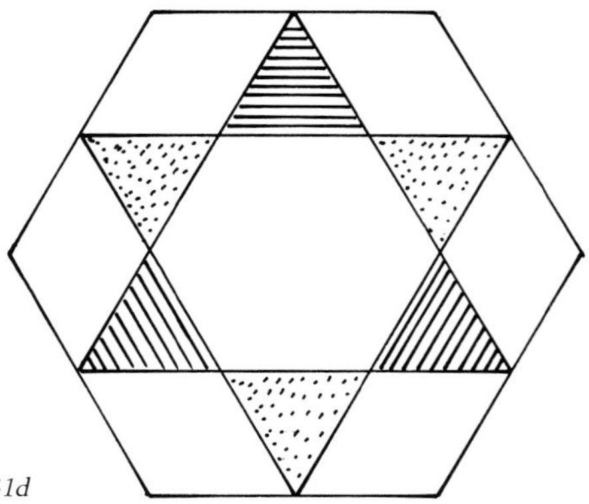

Abb. 31d

„Kartenhaus"
1988 von F. Kohlhaußen
148 x 122 cm

5.6 Streifen

Die Oberseite für einen Quilt aus Stoffstreifen zu nähen, ist einfach und groß in der Wirkung. Die Zusammenfassung auf den folgenden Seiten verschafft Ihnen einen Überblick über die traditionellen Muster.

5.6.1 Log Cabin

Wir haben eingangs erwähnt, daß viele Namen von Patchworkmustern sich vom täglichen Leben der Siedler herleiten. So auch das Muster *Log Cabin*. Es erinnert an den Bau einer Holzhütte und enthält traditionell in der Mitte ein rotes Quadrat als Sinnbild des wärmenden Herdfeuers (Abb. 32):

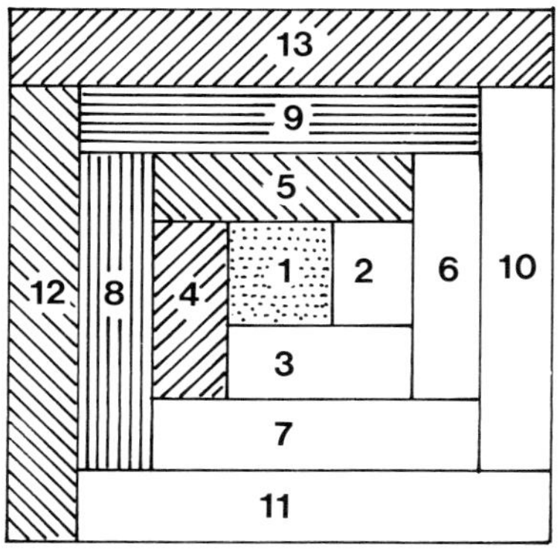

Abb. 32

Der Block wird hier aus Streifen zusammengesetzt. Durch einen Hell-Dunkel- bzw. Warm-Kalt-Kontrast hebt sich die eine Hälfte gegenüber der anderen hervor.

5.6.1.1 Anleitung

Sie beginnen mit einem Quadrat in der Mitte. Zuvor haben Sie einige Streifen von Ihren hellen und dunklen Stoffen abgeschnitten und gebügelt. Die Stärke der Streifen und die Anzahl, die Sie in einem Block verwenden, bestimmen Sie selbst.

Nehmen Sie also das kleine rote Quadrat (die Größe bleibt Ihnen freigestellt), und legen Sie den ersten Streifen – die Vorderseiten gegeneinander – darauf. Nähen Sie in Füßchenbreite der Nähmaschine ab.

Klappen Sie den Streifen auf (eventuell bügeln), und schneiden Sie die über das Quadrat hinausragenden Enden ab.

Nun wird der nächste Streifen (im Uhrzeigersinn oder umgekehrt) angelegt, angenäht, umgeklappt, geradegeschnitten.

Schneller geht es, wenn Sie nicht Block für Block fertigstellen, sondern ähnlich wie am Fließband arbeiten: An alle mittleren Quadrate wird der erste Streifen angesetzt, immer einer nach dem anderen, ohne den Faden an der Maschine durchzutrennen. So sparen Sie außerdem Garn. Dann machen Sie den nächsten Schritt mit allen Ihren Stücken usw.

Wenn Sie mit zwei hellen Streifen begonnen haben, sind nun zwei dunkle Streifen an der Reihe; denn Sie möchten ja bei diesem Muster eine Hälfte aus hellen, die anderen aus dunklen Stoffen zusammennähen.

Die fertige Vorderseite Ihres Log-Cabin-Blocks sieht etwa so aus:

und so die Rückseite:

Ein Tip: Falls Ihnen das Nähmaschinenfüßchen als Leitlinie zum Nähen nicht ausreicht, dann kleben Sie sich einen Klebefilmstreifen im Abstand von etwa 7 mm von der Nadel über den Nähtisch.
Beim Annähen der Streifen sollten Sie die einmal begonnene Richtung beibehalten. Ob Sie im Uhrzeigersinn oder dagegen nähen, spielt, wie gesagt, keine Rolle.
Übrigens können Sie – je nach Verwendungszweck – den Log-Cabin-Block auch gleich auf einen anderen Stoff aufnähen, so daß die Rückseite sauber und geschützt ist. Auch Steppwatte können Sie Block für Block mit einarbeiten. Achten Sie aber darauf, immer den Rückseitenstoff und die Steppwatte etwas größer zuzuschneiden, als der fertige Block werden soll.
Sie können das kleine Quadrat auch in eine Ecke des Blocks setzen (Abb. 33).
Die Streifen werden in diesem Fall in der angegebenen Reihenfolge (1 – 13) aneinandergenäht.
Bei dieser Technik können Sie auch größere Dreiecke oder Rhomben verwenden. Beginnen Sie dann mit Ihrem Dreieck bzw. Rhombus, und nähen Sie die Streifen in der angegebenen Reihenfolge aneinander.

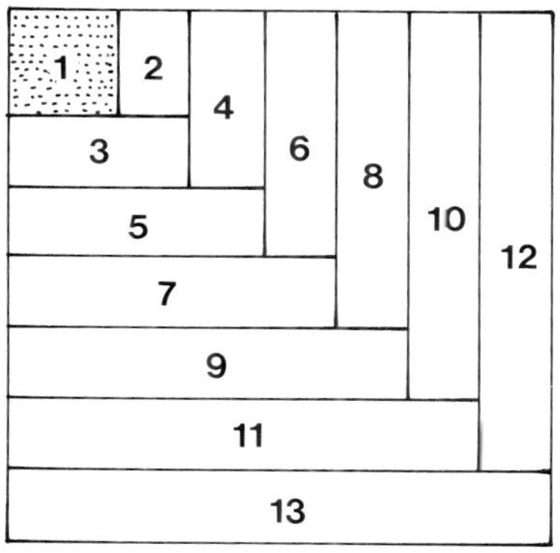

Abb. 33

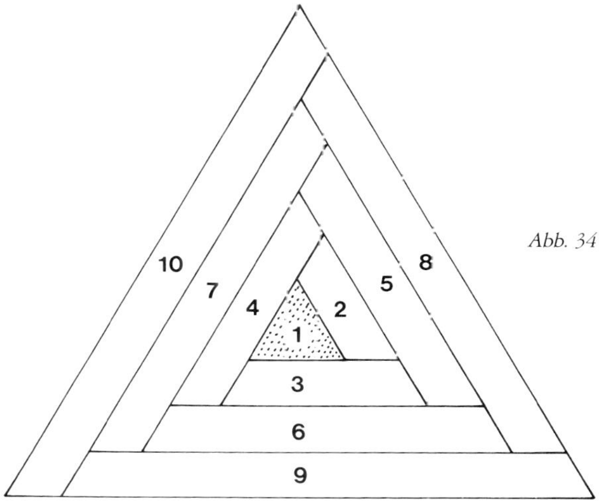

Abb. 34

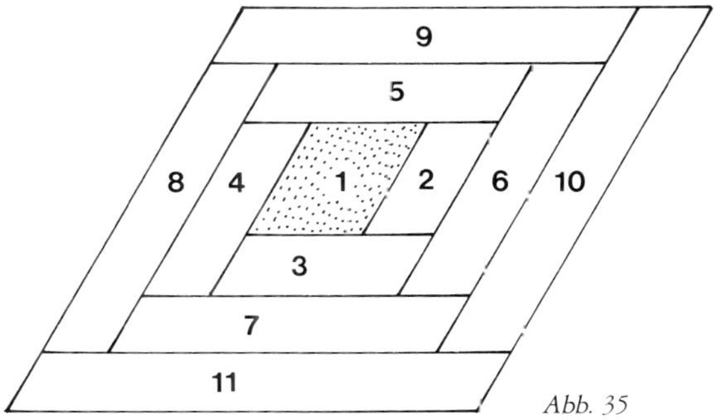

Abb. 35

Selbstverständlich dürfen – und sollten – Sie auch mit der Breite der Streifen experimentieren. So kann es beispielsweise reizvoll sein, für eine Seite schmale Streifen, für die andere breitere zu nehmen.
Experimentieren Sie auch mit der Anordnung Ihrer fertigen Blöcke. Im folgenden werden acht Anregungen gegeben, wie Sie mit dem gleichen Block, anders arrangiert, neue Effekte erzielen können.
Einen fertigen Log-Cabin-Quilt sehen Sie auf Seite 63.

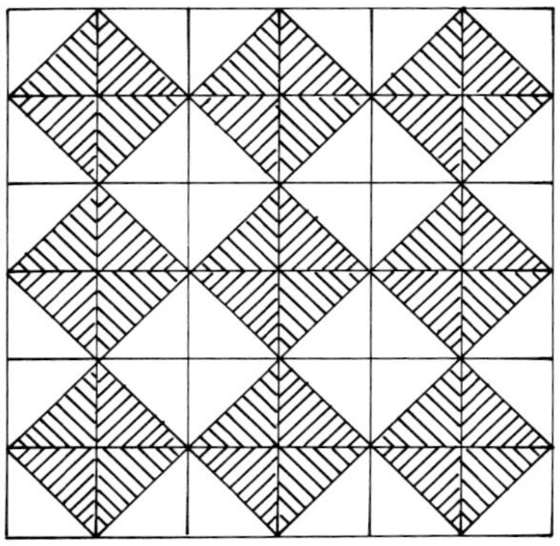

Abb. 36

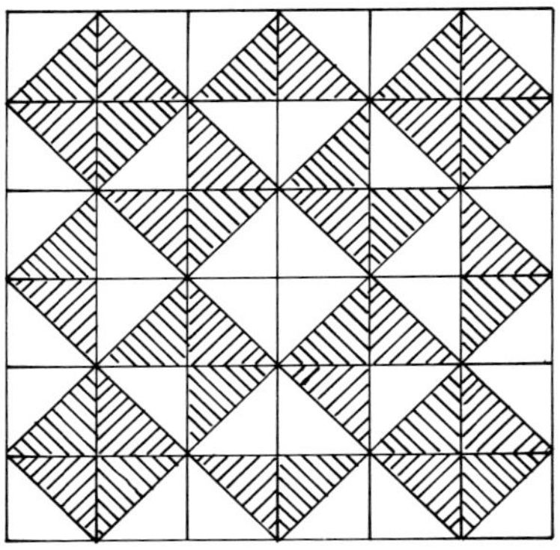

Abb. 37

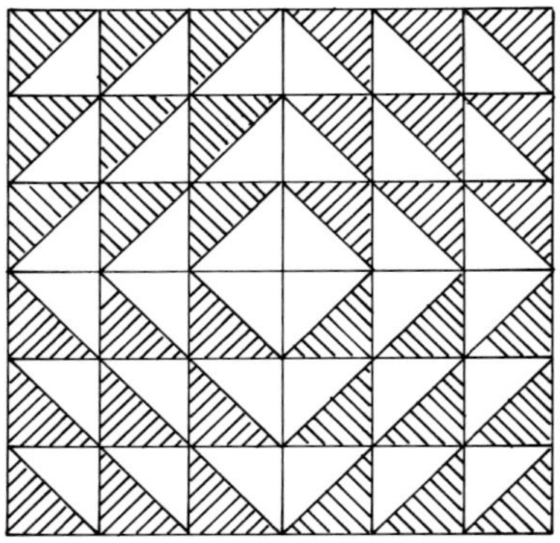

Abb. 38

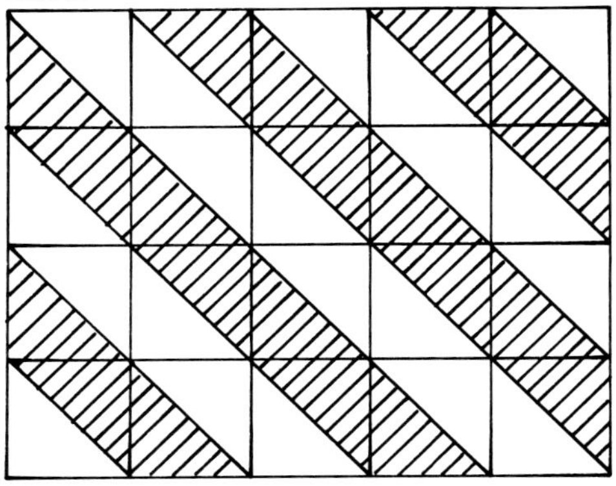

Abb. 39

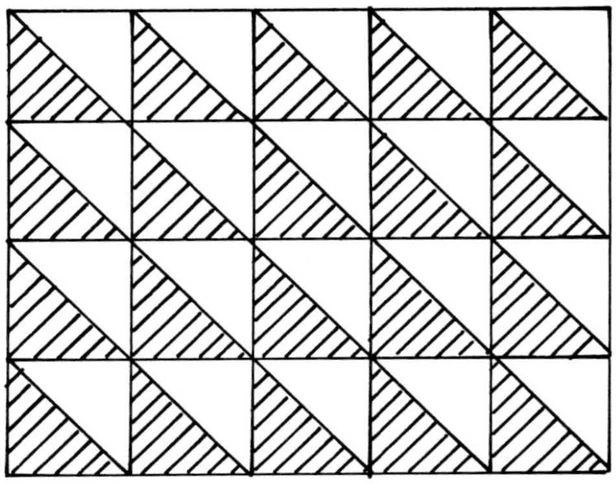

Abb. 42

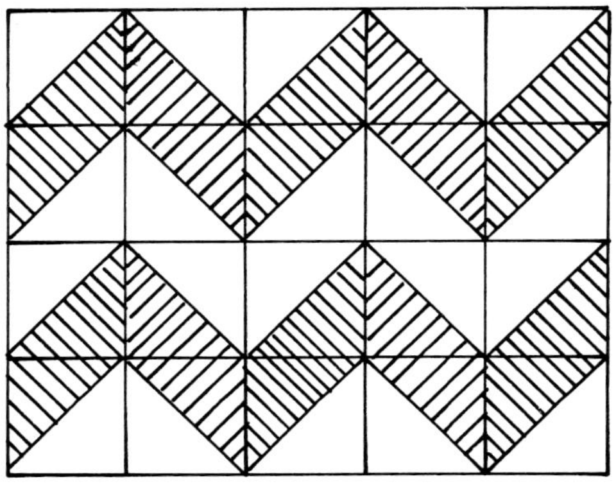

Abb. 40

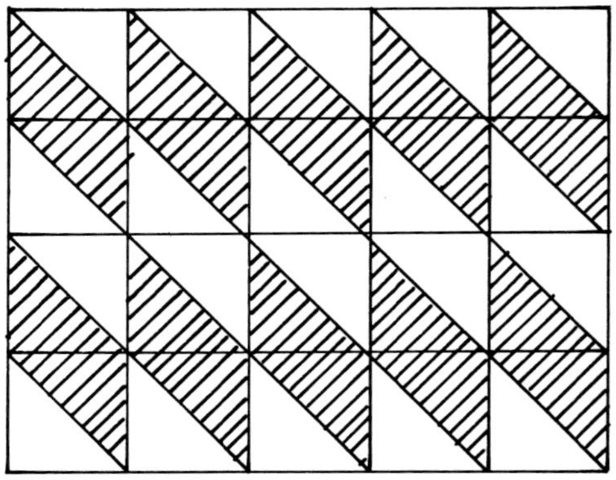

Abb. 43

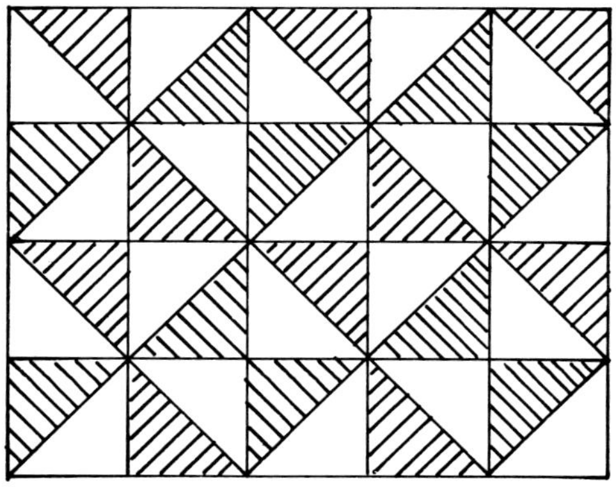

Abb. 41

Die schier unbegrenzten Möglichkeiten des Log-Cabin-Musters, wenn Sie beispielsweise ein andersfarbiges (statt das traditionell rote) Quadrat in die Mitte nehmen, veranschaulicht der Quilt.
Die kleinen weißen Quadrate strahlen geradezu.

rechte Seite
„Log Cabin"
1985 von F. Kohlhaußen
175 x 265 cm

5.6.2 Courthouse Steps

Eine Variation des Hell-Dunkel-Effekts erzielen Sie mit den „Stufen zum Gerichtsgebäude" *(Courthouse Steps)*, wo sich Hell und Dunkel über dem mittleren Quadrat gegenüberliegen.
In diesem Fall werden die Streifen nach einem anderen Schema angenäht, nämlich rechts und links abwechselnd mit oben und unten (Abb. 44).

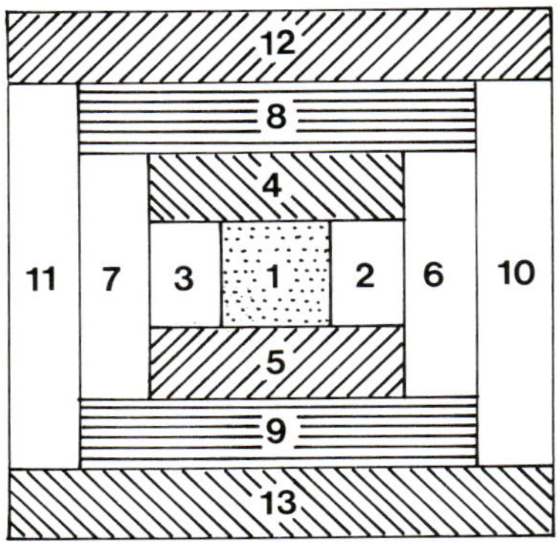

Abb. 44

Wenn beim Zusammennähen der Blöcke den hellen Streifen auch helle gegenüberliegen, entsteht ein reizvolles Stufenmuster über den ganzen Quilt.
Probieren Sie aber – ähnlich wie bei Log Cabin – vor dem Zusammennähen aus, welche Komposition der gleichen Blöcke Ihnen am besten gefällt.

5.6.3 Pineapple

Ein sehr altes, verwandtes – wenn auch etwas kompliziertes – Muster ist das „Ananas"-Muster: *Pineapple.* Als Symbol der Gastfreundschaft erfreute sich dieses Motiv in der Handwerkskunst generell großer Beliebtheit (Abb. 45). So auch in der Holzschnitzerei. Das Pineapple-Motiv zierte in der nachkolonialen Zeit Bettpfosten, Kommoden, Spiegelrahmen, Uhren, Kerzenständer, Tischbeine, um nur einige Beispiele zu nennen.

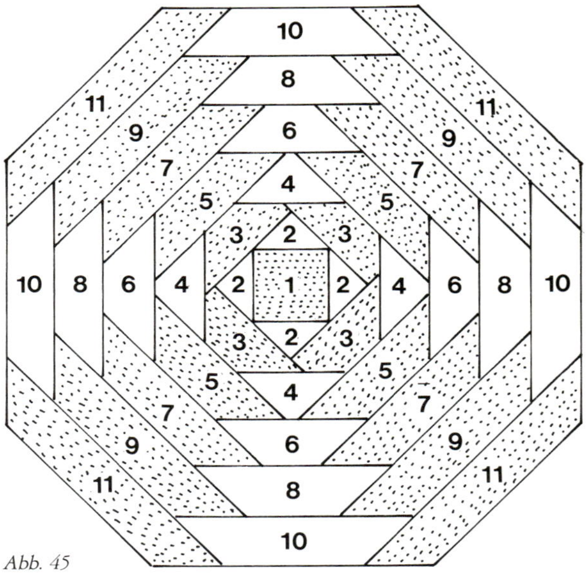

Abb. 45

5.6.3.1 Anleitung

Beginnen Sie wie beim normalen Log-Cabin-Muster. Doch nach den ersten vier Streifen setzen Sie die nächsten vier parallel zu den diagonalen, schräg über die Ecken. Die dritte Runde ist wie die erste; die vierte wieder wie die zweite Runde.
Sämtliche in dieser Streifentechnik gearbeiteten Quilts werden nur wenig in der Naht gequiltet. Denn bei den vielen Streifen erübrigen sich nicht nur die Steppstiche – sie kämen nicht zur Geltung.
Log-Cabin-Muster sind dankbar: Einfach und schnell herzustellen, bieten sie unzählige Zusammensetzungsmöglichkeiten mit immer wieder ungeahnter Wirkung.

rechte Seite
„Courthouse Steps"
1986 von Erika Odemer
Seidenquilt, 212 x 280 cm

5.7 Achtzackiger Stern

Himmelskörper sind seit jeher beliebte Patchworkmuster gewesen. Das liegt wahrscheinlich daran, daß sie im Tagesablauf auf dem Lande eine entscheidende Rolle spielten. Bei den Amish, die noch heute ohne Elektrizität leben, bestimmen Sonnenauf- und -untergang weiterhin den Tagesablauf.

Die Muster, die zur Familie des *achtzackigen Sterns* gehören, sind besonders reizvoll, teilweise aber auch etwas schwieriger herzustellen.
Dem *achtzackigen Stern* liegt – im Gegensatz zu den anderen Mustern – kein gleichmäßiger Raster zugrunde. Er hat als *typisches Merkmal,* daß der mittlere Bereich einer Außenkante größer ist als die seitlichen Teile. (Wie Sie aus der Abbildung 58 erkennen, entspricht die Strecke vom Eckpunkt zu A bzw. zu B nicht der Strecke A–B.)

5.7.1 MELON PATCH

Wortwörtlich „Melonenfeld", erinnert dieses sehr klare, einfache Muster vielleicht an Fußbodenfliesen, und es ist auch eines der vielen Muster, das, je nach Gegend, verschiedene Namen trägt, wie *Marble Floor, Four Leaf Clover, Job's Troubles, Octagons, Snowball.* Hier soll die Bezeichnung *Melon Patch* beibehalten werden (Abb. 46).

5.7.1.1 Konstruktion

Zeichnen Sie ein Quadrat in der gewünschten Größe. Der Mittelpunkt (M) ist dort, wo sich die beiden Diagonalen schneiden.
Nehmen Sie einen Zirkel, stechen Sie in einen Eckpunkt ein, und schlagen Sie durch M einen Viertelkreis. Wiederholen Sie den Vorgang an allen Eckpunkten.
Wo die Kreise die Kanten des Quadrats schneiden, liegen jeweils die Punkte A–B. Verbinden Sie A mit B, so daß die Ecken des Quadrats abgeschnitten werden (Abb. 47).

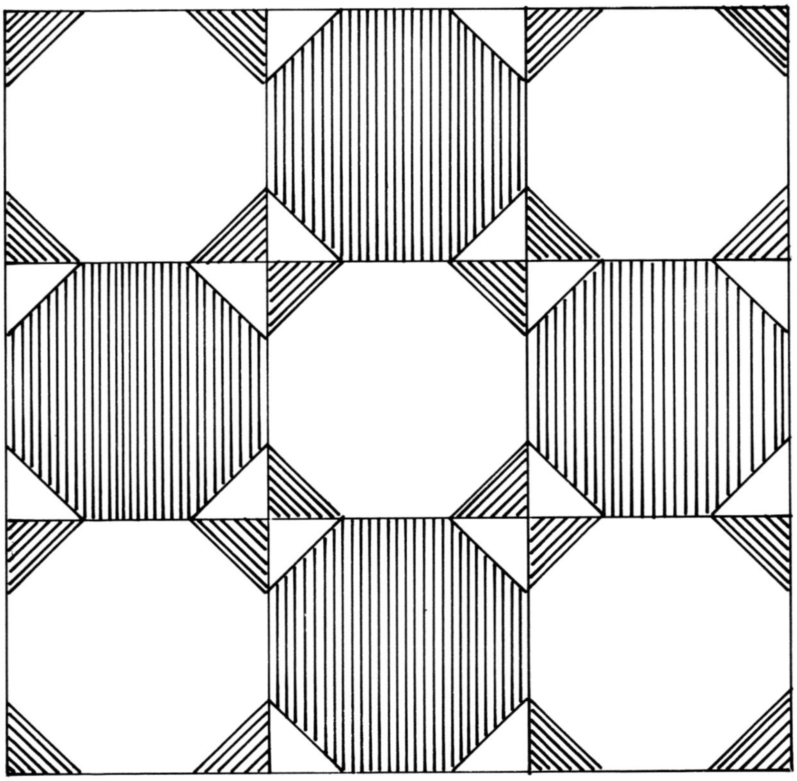

Abb. 46

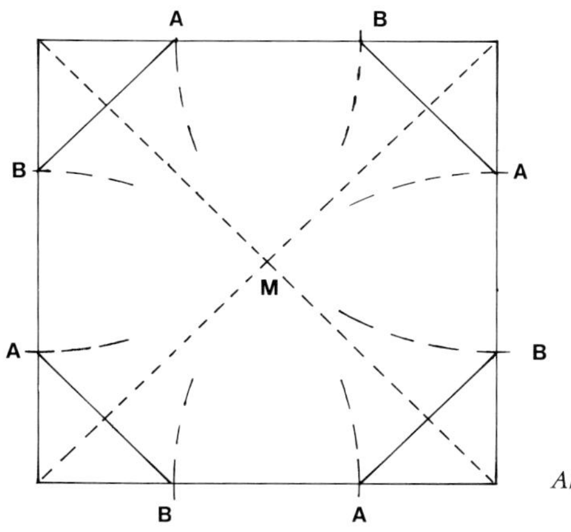

Abb. 47

Zur Anfertigung des „klassischen" Melon Patch benötigen Sie zwei Schablonen: das Achteck (1) und ein kleines Dreieck (2) (Abb. 48).

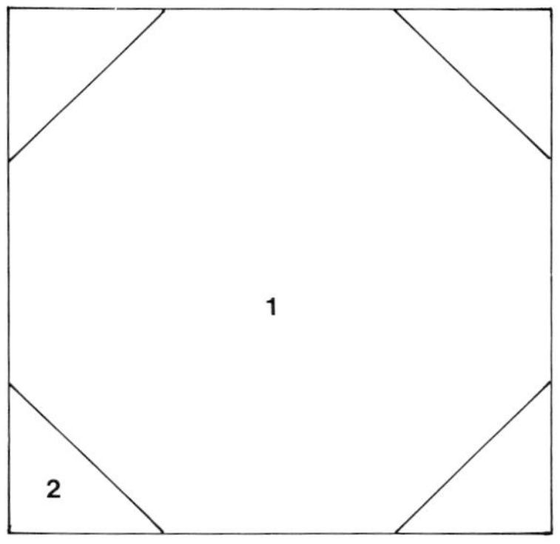

Abb. 48

5.7.2 SPIDER WEB

Die „Spinnwebe" *(Spider Web)* ist eine Variante von Melon Patch. Die Zeichnung zeigt, welche drei Schablonen Sie dafür benötigen (Abb. 49).

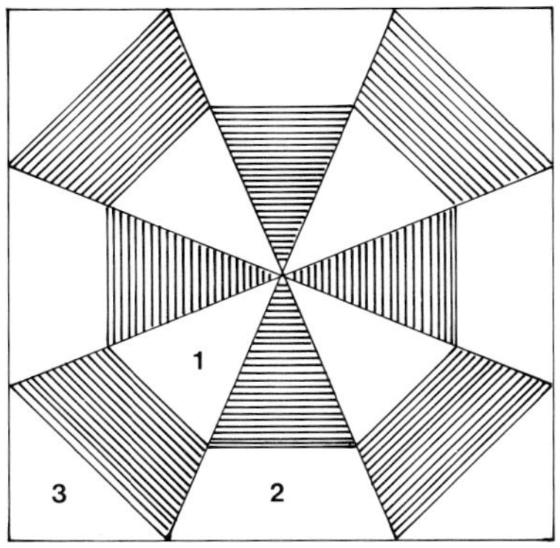

Abb. 49

5.7.3 KALEIDOSKOP

Dieses beliebte Patchworkmuster besteht aus einem verblüffend einfachen Block. Es setzt sich aus nur zwölf Teilen zusammen, nur zwei Schablonen sind notwendig, und die Wirkung ist trotzdem enorm.

Eingangs wird gesagt, daß es besonders reizvoll ist, die Blöcke direkt aneinanderstoßen zu lassen. Das Kaleidoskop ist hierfür ein gutes Beispiel (siehe Seite 68).

5.7.3.1 Konstruktion

Beginnen Sie wie beim Melon Patch. Doch dann verbinden Sie die Punkte A mit A durch M und B mit B durch M (Abb. 50).

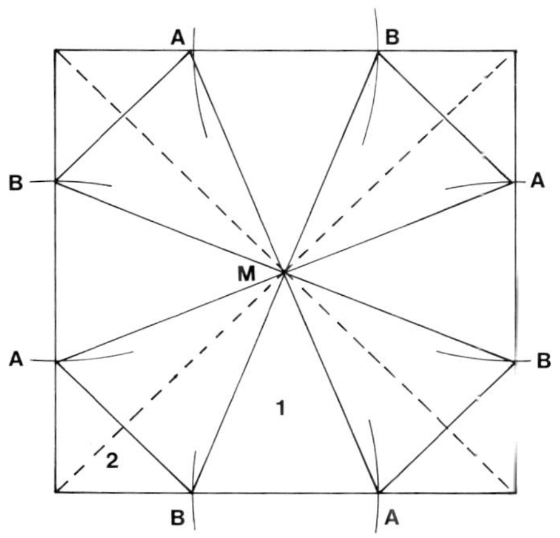

Abb. 50

Sie erhalten acht spitzwinklige Dreiecke, die um den Mittelpunkt herum angeordnet sind, und vier rechtwinklige. Für beide werden Schablonen angefertigt.

Es gibt verschiedene Möglichkeiten, die einzelnen Dreiecke hervorzuheben (Abb. 51/52):

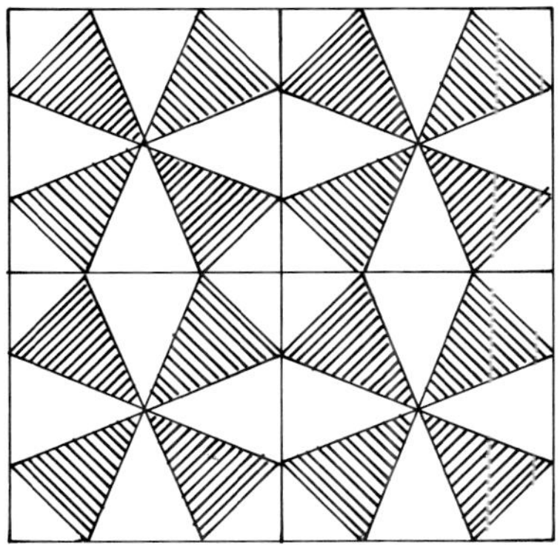

Abb. 51

„Kaleidoskop“
1983 von F. Kohlhaußen
232 x 227 cm

Abb. 52

Kombinieren Sie nun Block 1 mit Block 2, so erhalten Sie den typischen Kaleidoskopeffekt: Versuchen Sie es, es macht Spaß!
Legen Sie einfach einen Bogen Transparentpapier über die Abbildung 53, und probieren Sie verschiedene Möglichkeiten der Betonungen durch helle und dunkle Töne aus.

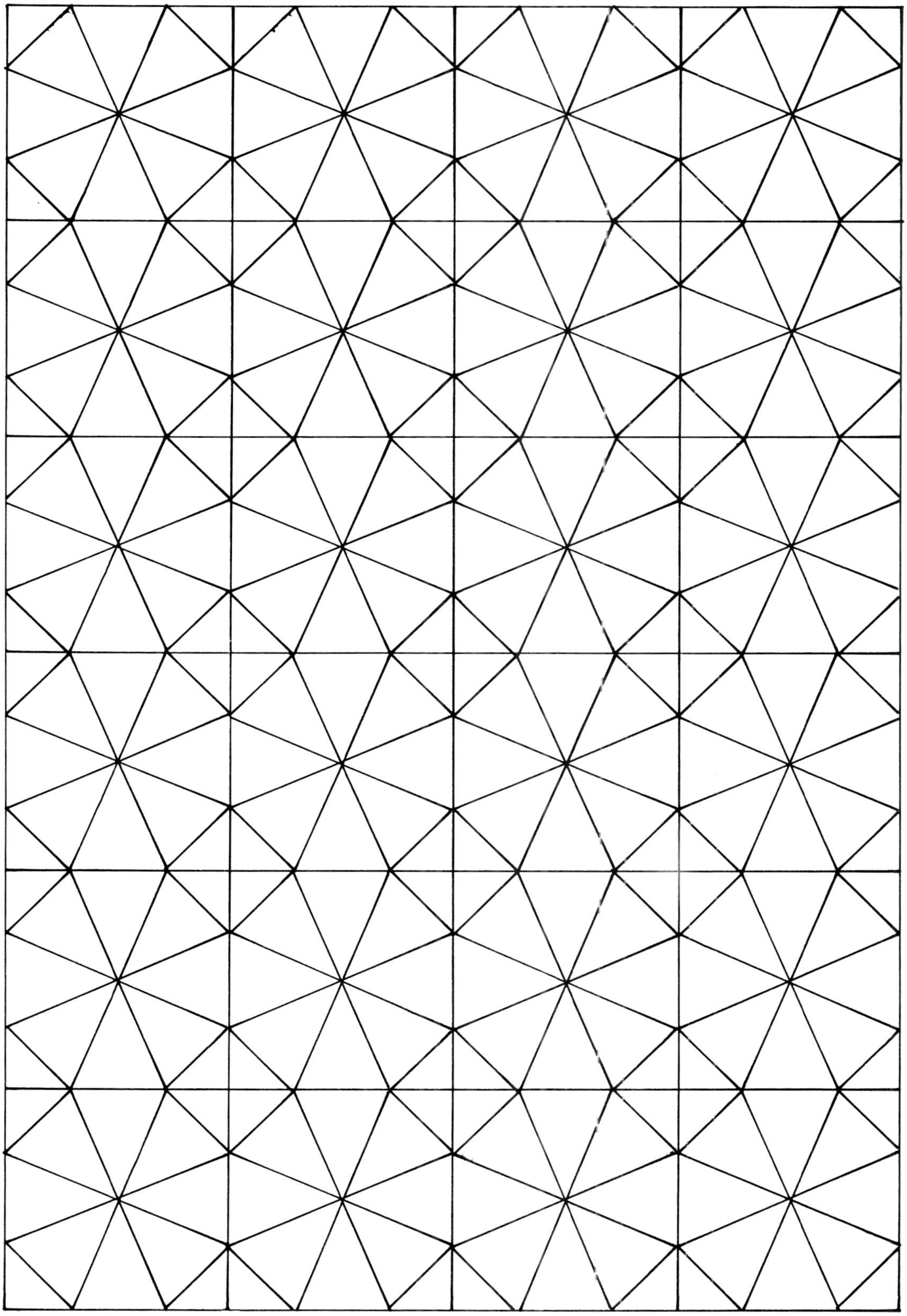

5.7.4 WORLD WITHOUT END

Gehen wir noch einen Schritt weiter:
Zerschneiden Sie den Kaleidoskopblock an der Mittelsenkrechten und Mittelwaagerechten (Abb. 54).

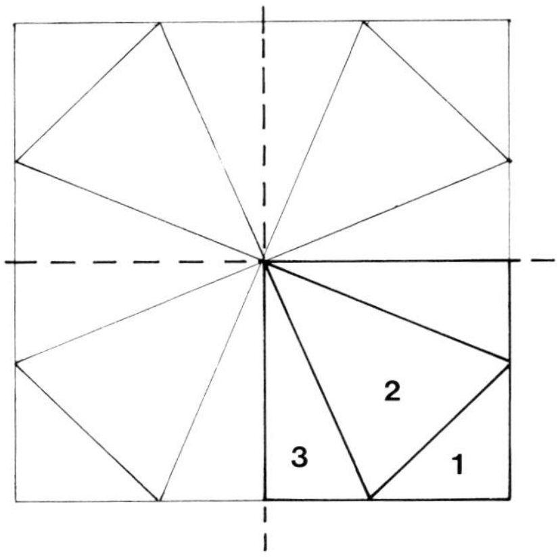

Abb. 54

Sie erhalten vier kleine Blöcke, die – umgedreht zusammengefügt – eine neuen Block, das biblische Muster *World Without End,* ergeben (Abb. 55).

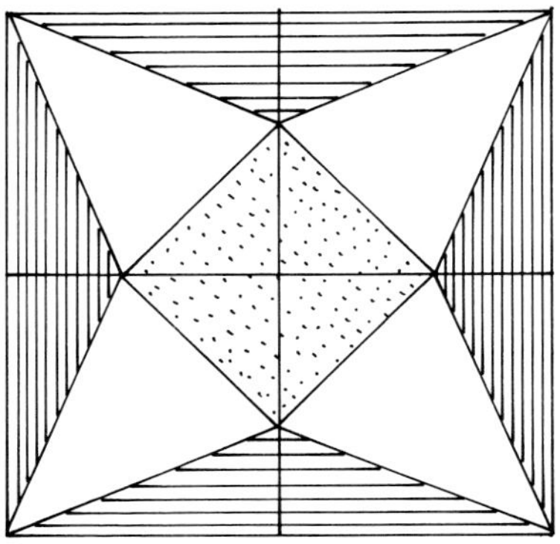

Abb. 55

Wie Sie erkennen können, benötigen Sie zur Anfertigung von World Without End drei Schablonen.

5.7.5 BLAZING STAR

Von World Without End können Sie noch ein anderes, ganz altes Muster ableiten, das in Hunderten antiker Quilts immer wieder durch seine Schönheit besticht: *Blazing Star,* dessen Aufbau in der nachstehenden Zeichnung zu erkennen ist (Abb. 56).

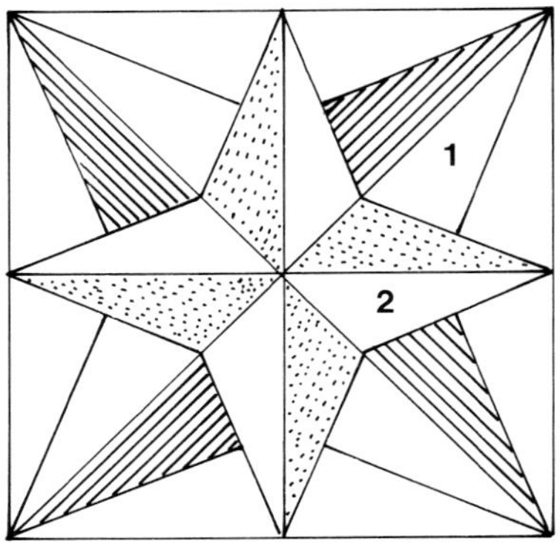

Abb. 56

Hierfür benötigen Sie nur zwei Schablonen:
1 (Dreieck) = 16mal
2 (Dreieck) = 8mal

24 Teile

5.7.6 ACHTZACKIGER STERN

Betrachten Sie das eindrucksvolle Muster *Achtzackiger Stern* in seiner vollen Pracht (Abb. 57).

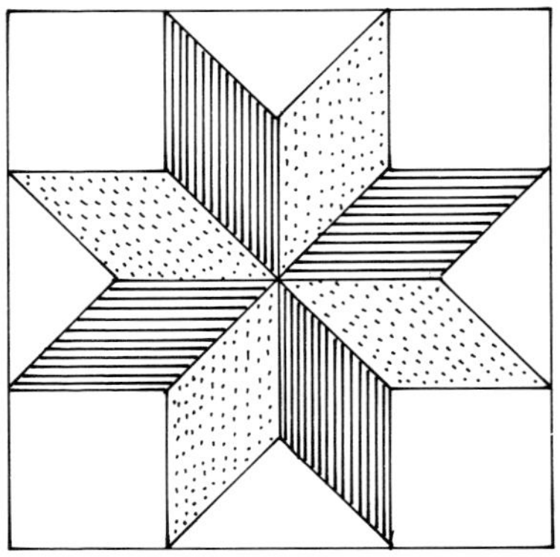

Abb. 57

Und nun – sozusagen unter der Lupe –, welche Schablonen benötigt werden (Abb. 58).

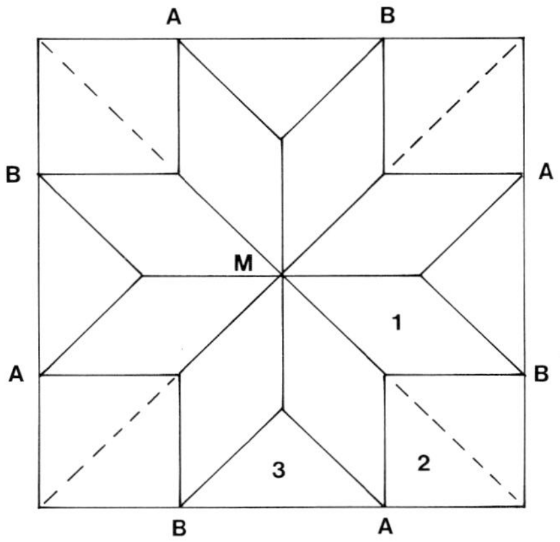

Abb. 58

Es sind drei Schablonen:

1 (Rhombus)	=	8mal
2 (Quadrat)	=	4mal
3 (Dreieck)	=	4mal
		16 Teile

5.7.6.1 Konstruktion

Beginnen Sie wie beim Melon Patch. Die Punkte A werden parallel zur Außenkante mit den Punkten B verbunden. Anschließend verbinden Sie die Punkte A parallel zur Diagonalen mit den Punkten B. Zeichnen Sie nun die Mittelsenkrechte und die Mittelwaagrechte.

Falls Sie keinen Spaß an Konstruktionen haben, können Sie auch auf einfachere Art und Weise die Schablonen für den achtzackigen Stern anfertigen.

1. Methode:

Bestimmen Sie die Kantenlänge des Rhombus. Bitte verwechseln Sie diesen Rhombus nicht mit dem vom Baby Block. Beim vorliegenden Rhombus sind alle vier Seiten gleich lang, und je zwei gegenüberliegende Winkel sind 45° bzw. 135°.

Nehmen wir an, es sollen 4 cm sein. Zeichnen Sie eine Strecke von 4 cm auf, und legen Sie im Anfangs- und Endpunkt einen Winkel von 45° an. Tragen Sie an den beiden Schenkeln Ihre 4 cm ab und verbinden Sie beide Punkte. Sie erhalten die Schablone für Teil 1.

Teil 2 ist ein Quadrat, das dieselbe Kantenlänge hat wie der Rhombus.

Sie erhalten Teil 3, indem Sie das Quadrat halbieren.

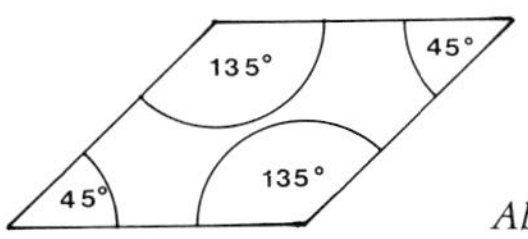

Abb. 59

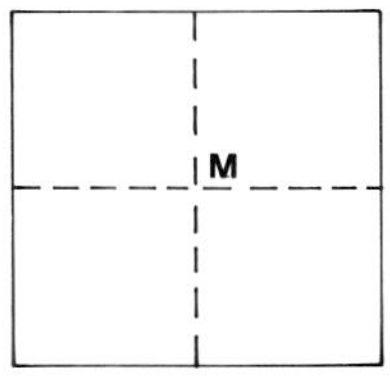

Abb. 60

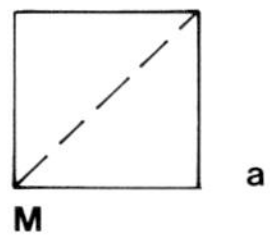

Abb. 60a

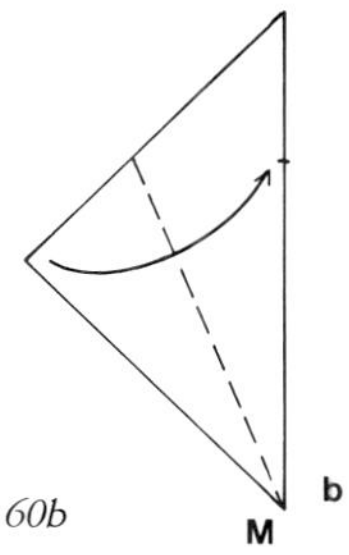

Abb. 60b

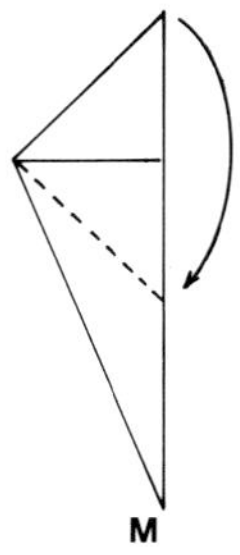

Abb. 60c

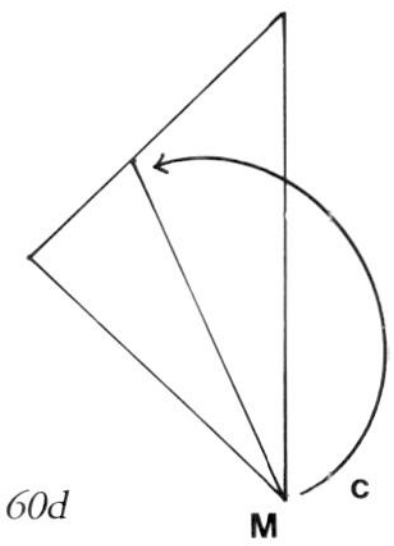

Abb. 60d

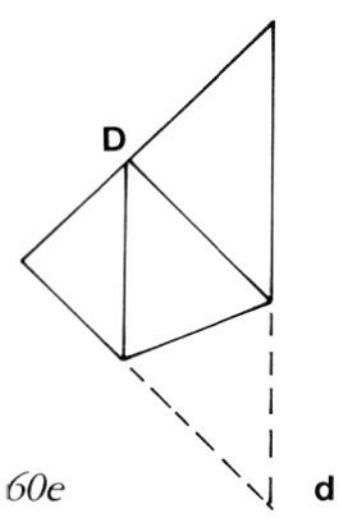

Abb. 60e

2. Methode:

Nehmen Sie ein Blatt Papier in der gewünschten Blockgröße. Falten Sie es halb und dann zum Viertel (Abb. 60a). Merken Sie sich den Mittelpunkt. Nun knicken Sie vom Mittelpunkt aus in der Diagonalen. Sie erhalten ein Dreieck. (Abb. 60b).

Nun falten Sie die kurze Seite auf die lange. Das überstehende kleine Dreieck wird umgebogen (Abb. 60c).

Öffnen Sie das Papier wieder zum großen Dreieck. Sie sehen einen Knickpunkt D (Abb. 60d).

Nun nehmen Sie die Spitze mit dem Mittelpunkt und knicken sie nach oben auf diesen Punkt D (Abb. 60e). Die überstehenden Dreiecke werden wieder umgebogen.

Öffnen Sie nun das Papier ganz: Ihr Stern liegt vor Ihnen. Verwenden Sie einen Rhombus, ein Quadrat und ein Dreieck als Schablone.

Hinweis: Je dicker das Papier, um so größer sind die Ungenauigkeiten beim Falten. Nehmen Sie also möglichst feines Papier und eventuell nur ein Viertel der Blockgröße.

Zerschneiden Sie Ihren achtzackigen Stern, und legen Sie ihn neu zusammen. Hier eine interessante Variante (Abb. 61):

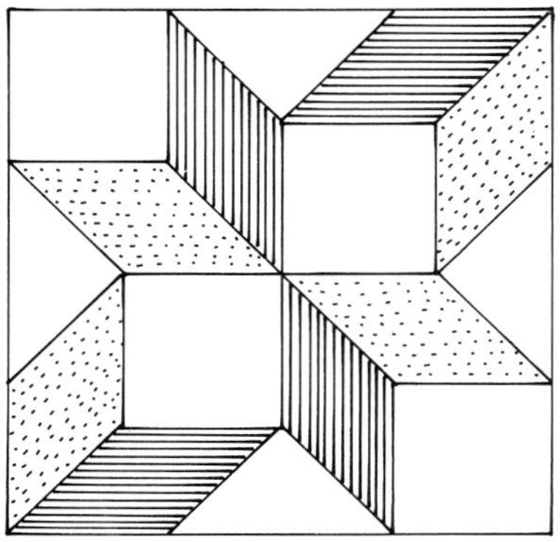

Abb. 61

5.7.7 EVENING STAR

Der achtzackige Stern, der mit einer Spitze nach oben zeigt, wird *Evening Star* genannt (Abb. 62):

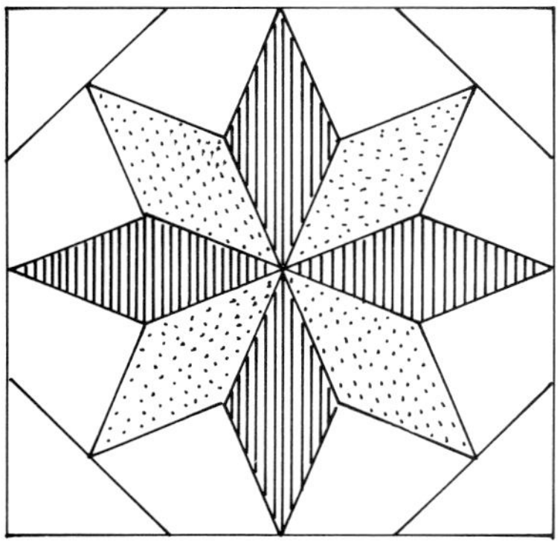

Abb. 62

5.7.7.1 Konstruktion

Zeichnen Sie den Block wie für das Muster Kaleidoskop.

Danach fahren Sie folgermaßen fort: Die Mittelpunkte aller Seiten bezeichnen wir mit C. Die Punkte D ergeben sich aus dem Schnittpunkt der langen Seite des rechtwinkligen Dreiecks (in den Ecken) und der Diagonalen.

Verbinden Sie nun jeweils C mit den beiden gegenüberliegenden Punkten D. Dabei entstehen die Schnittpunkte E. Verbinden Sie E mit E durch M. Ihr Stern ist fertig.

Aus der Abbildung ersehen Sie, welche Schablonen für den Evening Star benötigt werden (Abb. 63).

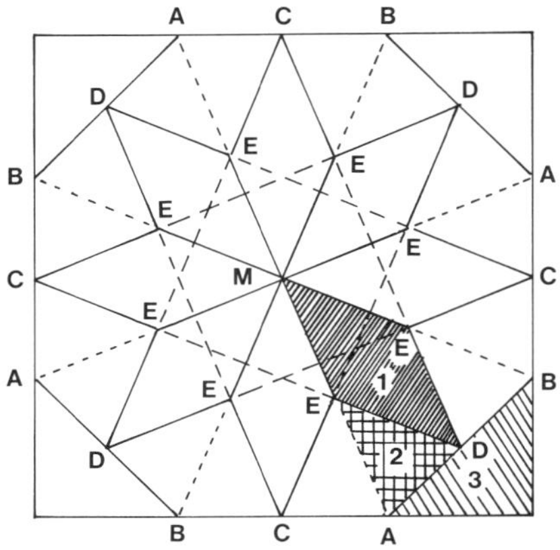

Abb. 63

Es sind drei Schablonen:

1 (Rhombus)	= 8mal
2 (Dreieck)	= 16mal
3 (Dreieck)	= 4mal
	28 Teile

5.7.8 ROLLING STAR

Die Abbildung des *Rolling Star* soll Sie dazu anregen, verschiedene Betonungen der einzelnen Flächen herauszuarbeiten. Dies geschieht am leichtesten mit Transparentpapier.

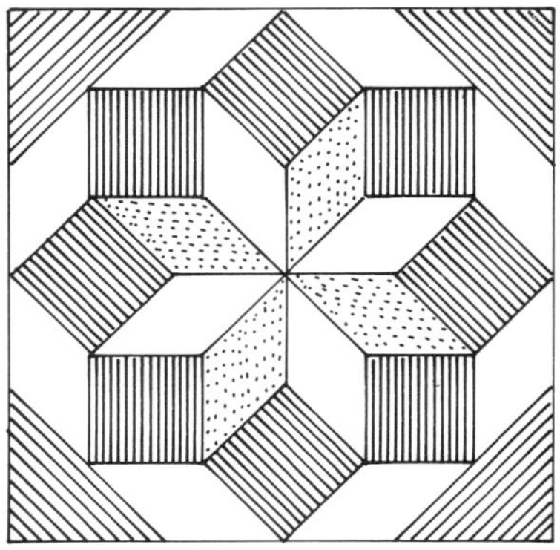

Abb. 64

In Amerika gibt es übrigens zahlreiche Bücher mit fertigen Schablonen zum Nacharbeiten. Solche Fertigprodukte lassen der Phantasie aber häufig nicht genügend Spielraum. Nach einiger Übung sind Sie

Eine aus dem Block Rolling Star entwickelte Variation stellt der Quilt „Rolling City Center“ dar.

„Rolling City Center“
1984 von F. Kohlhaußen
108 x 108 cm

sicher in der Lage, die Muster in allen denkbaren Größen zu arbeiten.
Betrachten Sie nun den Rolling Star in der Zeichnung, um zu erkennen, welche Schablonen benötigt werden (Abb. 65):

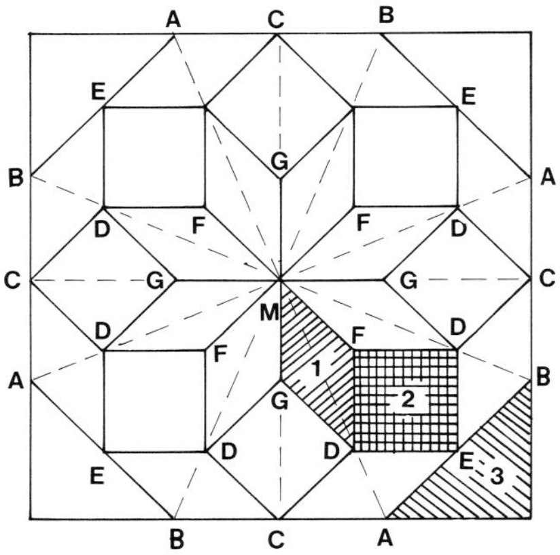

Abb. 65

Es sind hier nur drei Schablonen:
1 (Rhombus) = 16mal
2 (Quadrat) = 8mal
3 (Dreieck) = 4mal

28 Teile

5.7.8.1 Konstruktion

Beginnen Sie wie beim Kaleidoskop. Die Mittelsenkrechte und die Mittelwaagrechte schneiden die Außenkanten in C. Verbinden Sie C mit C parallel zur Diagonalen. Da, wo diese Linien A – M oder B – M schneiden, liegen die Punkte D. Wo A – B die Diagonalen schneiden, liegen die Punkte E.
Verbinden Sie E mit D und D mit E senkrecht und waagrecht. Parallel dazu ziehen Sie die Linie von D so lange, bis die Diagonale geschnitten wird. Es entsteht F.
E – D – F – D ist ein Quadrat. Es ist viermal an den Ecken zu sehen. G erhält man, indem man parallel zur Diagonalen zwei Punkte D verbindet. Die nun entstandenen Quadrate haben die Eckpunkte C, D, G, D. Verbinden Sie alle Punkte D, F und G mit M. Der Stern in der Mitte tritt hervor.

5.7.9 LE MOYNE STAR

Betrachten Sie diesen Stern, der nach dem Politiker und Philanthropen Le Moyne (der mit seinem Bruder nach Louisiana einwanderte und 1718 New Orleans gründete) benannt wurde. Das Muster taufte man später in Neuengland in *Lemon Star* um, wodurch der Wortklang zwar erhalten blieb, doch der ursprüngliche Bedeutungsinhalt in Vergessenheit geriet.

Abb. 66

In der nächsten Abbildung wird der Aufbau der Blöcke und die schrittweise Konstruktion erkennbar.

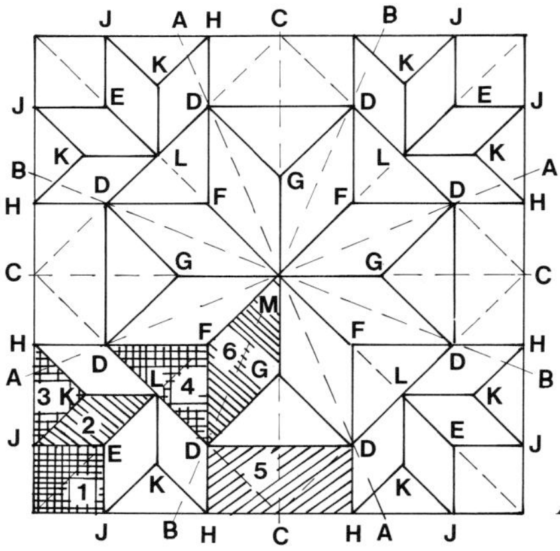

Abb. 67

Sechs Schablonen sind notwendig:

1 (Quadrat) = 4mal
2 (Rhombus) = 16mal
3 (Dreieck) = 8mal
4 (Dreieck) = 8mal
5 (Rechteck) = 4mal
6 (Rhombus) = 8mal

48 Teile

5.7.9.1 Konstruktion

Die Konstruktion ist zunächst die gleiche wie für Rolling Star. Der Stern in der Mitte kann auf dieselbe Weise gezeichnet werden.
Die Eckmotive erhalten Sie wie folgt:
Sie haben die Punkte A, B, C, D, E, F und G festgelegt. Verlängern Sie die Strecken F – D über D hinaus, so schneidet diese Linie die Außenkante des Quadrats in H. I ist der Schnittpunkt der Parallelen zur Seite durch E.
So erhalten Sie die kleinen Quadrate in den Ecken:
K ergibt sich als Schnittpunkt der Linie H zu H und I zu I parallel zur Diagonalen. Verbinden Sie nun K mit L und E mit L. Die vier kleinen Rhomben werden deutlich: H – D – L – K, K – L – E – I sind die Eckpunkte.

5.7.10 CASTLE WALL

Nehmen Sie die „Burgmauer" *(Castle Wall)* zunächst als Ganzes auf (Abb. 68).

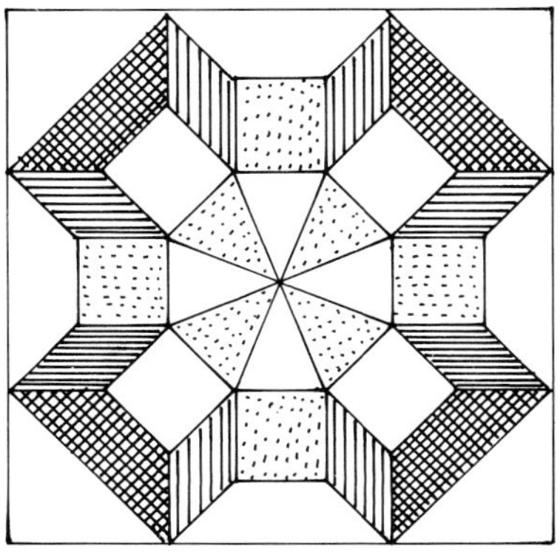

Abb. 68

Untersuchen Sie nun den Einzelblock näher (Abb. 69). Fünf Schablonen sind erforderlich:

1 (Dreieck) = 8mal
2 (Quadrat) = 8mal
3 (Rhombus) = 8mal
4 (Trapez) = 8mal
5 (Dreieck) = 4mal

36 Teile

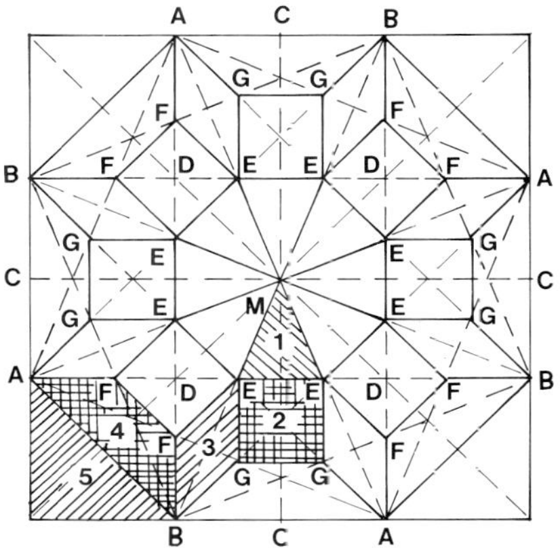

Abb. 69

5.7.10.1 Konstruktion

Zeichnen Sie ein Quadrat in gewünschter Größe. Zeichnen Sie die Diagonalen ein. Deren Schnittpunkt ist M.
Zeichnen Sie die Mittelsenkrechte und die Mittelwaagrechte mit den Endpunkten C. Schlagen Sie je einen Viertelkreis um die Eckpunkte des Quadrates durch M. Sie erhalten die Punkte A, B, A, B usw. Verbinden Sie A mit B schräg über die Ecken.
Zeichnen Sie die Kaleidoskoplinien A – M – A und B – M – B ein. Verbinden Sie A mit B senkrecht und waagrecht. Der Schnittpunkt heißt D. Wo diese letztgenannte Linie die Kaleidoskoplinie schneidet, liegen die Punkte E. Alle Punkte E miteinander verbunden ergeben ein Achteck, das aus acht spitzwinkligen Dreiecken (1) besteht.
Auf den Schmalseiten befinden sich kleine Quadrate. Diese erhalten Sie folgendermaßen: Verbinden Sie A auf der linken Seite unten mit B auf der oberen Seite rechts (Linie verläuft parallel zur Diagonalen), und verbinden Sie A links oben mit A rechts oben, rechte Seite. Sie erhalten den Schnittpunkt G.
F ist der Schnittpunkt der letztgenannten Linie mit A – B parallel zu den Außenkanten. E – F – B – G oder E – G – A – F sind die Rhomben. E – E – G – G und/ oder E – E – F – F sind die Quadrate.

5.7.11 DOUBLE STAR

Nehmen Sie das elegante Muster „Doppelter Stern“ zunächst als Ganzes auf (Abb. 70).

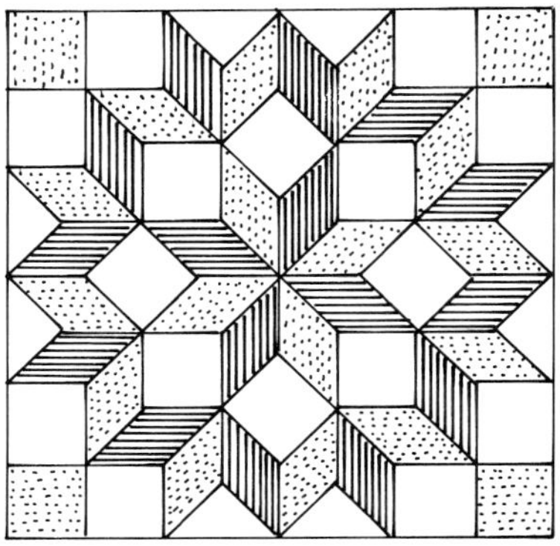

Abb. 70

Betrachten Sie nun einen einzelnen Block im Detail (Abb. 71).

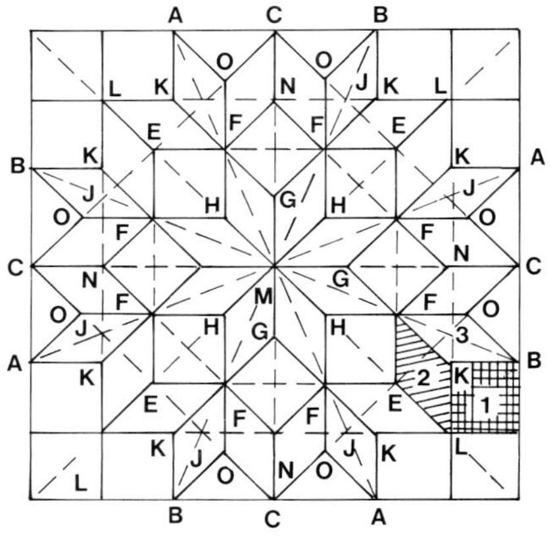

Abb. 71

Drei Schablonen sind erforderlich:

1 (Quadrat)	=	20mal
2 (Rhombus)	=	32mal
3 (Dreieck)	=	8mal
		60 Teile

5.7.11.1 Konstruktion

Zeichnen Sie ein Quadrat in gewünschter Größe. Die Diagonalen schneiden sich in dem Mittelpunkt M. Die Mittelsenkrechte und Mittelwaagrechte sind von den Punkten C begrenzt. Schlagen Sie einen Viertelkreis um die Eckpunkte des Quadrats durch M. So erhalten Sie die Punkte A, B, A, B usw.
Zeichnen Sie die Kaleidoskoplinien A – M – A und B – M – B ein. Verbinden Sie C mit C, so daß ein auf die Spitze gestelltes Quadrat sichtbar wird. Die Schnittpunkte mit den Diagonalen sind E. Verbinden Sie E mit E. Sie erhalten ein Quadrat im Quadrat.
Der Schnittpunkt dieser Linie mit der Kaleidoskoplinie heißt F. F sind die Spitzen des inneren Sterns. Die Linien F zu F senkrecht und waagrecht schneiden sich in H. F verbunden mit F parallel zur Diagonalen ergeben die Schnittpunkte G. H – M – G – F ist der Rhombus des inneren Sterns.
Da, wo die Kaleidoskoplinie C – C schneidet, liegt der Punkt I. Ziehen Sie Parallelen zu den Außenkanten durch I. Die Schnittpunkte sind L. Sie erhalten ein kleines Quadrat in allen vier Ecken.
Die gleichgroßen, daran anstoßenden Quadrate erhalten Sie, indem B und A parallel zu den Außenkanten verbunden werden. Der neue Schnittpunkt heißt K. Die benachbarten Rhomben haben die Punkte L – E – F – K, K – F – C – A, F – N – C – O.
Die komplizierte Konstruktion des Double Star soll Ihnen auf keinen Fall die Freude an den Sternen verderben. Wenn es keine Rolle spielt, wie die Außenmaße Ihres fertigen Double Star sein werden, dann bestimmen Sie die Kantenlänge des Rhombus nach Belieben. Sie benötigen nur drei Schablonen. Die Kantenlänge des Quadrats und dies des Dreiecks ist identisch mit der des Rhombus. Sollte Ihr Double Star zu klein ausfallen, können Sie ohne weiteres noch eine „Runde“ ansetzen.
Alle anderen Sterne aus dem Kapitel „Eight pointed Star“ können selbstverständlich auch ohne exakte Zeichnung genäht werden. Bestimmen Sie die Größe ihrer Formen und warten Sie ab, wie groß dann der Stern wird. Wenn Sie allerdings eine bestimmte Fläche ausfüllen wollen, ist der Weg über eine genaue Zeichnung unerläßlich.

rechte Seite
„Double Star“
1987 von Gisela Clauss
215 x 215 cm

5.7.12 LONE STAR

(Prairie Star, Virginia Star, Harvest Sun)

Zum Abschluß der Musterfamilie Achtzackiger Stern noch der *Lone Star*, zuweilen auch *Texas Star* oder, nicht ganz korrekt, *Star Of Bethlehem* genannt. So wechseln die Namen, je nach Gegend und Generation, für ein und dasselbe Muster.

Der Lone Star basiert auf dem sehr alten Muster mit dem treffenden Namen *Variable Star* und unterscheidet sich vom achtzackigen Stern nur dadurch, daß seine „Flügel" bzw. Rhomben in viele kleine Rhomben unterteilt sind. Durch die Verwendung verschiedener heller und dunklerer Stoffe scheint der Lone Star zu strahlen.

Sehen Sie sich anhand der Zeichnung einen einzelnen Rhombus an.
Seine Kanten sollen in sechs (selbstverständlich können Sie jede beliebige Unterteilung wählen) gleiche Teile geteilt werden. Dann ziehen Sie durch die Markierungspunkte Parallelen zu den Kanten. Im zusammengefügten Stern zeigt anschließend eine Spitze des Rhombus zur Mitte und eine nach außen. Dies wird bei der Farbgebung berücksichtigt.

Abb. 72

Auch bei der Farbgebung gibt es mehrere Möglichkeiten. Die gängigste ist, an einer Spitze (im Winkel von 45°) hell zu beginnen und bis zur breiten Stelle des Rhombus immer dunkler zu werden. Danach nimmt die Helligkeit wieder zu bis zur anderen Spitze. Das wird bei allen acht Rhomben gleich gemacht. Beachtet man den unterteilten Rhombus, stellt man fest, daß er mit einem Rhombus beginnt und sich dann zwei, drei, vier, fünf und sechs darauf aufbauen. Bei sechs ist die breiteste Reihe.

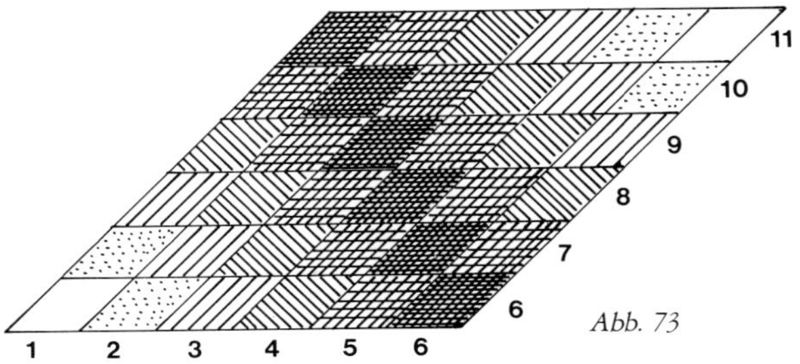

Abb. 73

Der Zuschneideplan sieht so aus:

Farbe 1 +	11 =	2mal
Farbe 2 +	10 =	4mal
Farbe 3 +	9 =	6mal
Farbe 4 +	8 =	8mal
Farbe 5 +	7 =	10mal
Farbe 6 +	=	6mal
		36 Teile pro Rhombus

Da Sie für einen Stern acht Rhomben brauchen, müssen Sie die Zahl mit 8 multiplizieren.
Der Lone Star setzt ein quadratisches Format voraus. Legen Sie also fest, wie groß Ihr Quilt werden soll. Kommen Sie durch Falten eines entsprechend großen Bogens Papier (es kann ein Stück zusammengeklebte Zeitung sein; denken Sie auch an die zuvor erwähnte Möglichkeit, nur ein Viertel der Blockgröße zu falten) zur Größe Ihres großen Rhombus. Unterteilen Sie diesen dann in die gewünschte Anzahl kleiner Rhomben. Fertigen Sie sich eine entsprechende Schablone an. Sollte es Ihnen nicht auf eine bestimmte Quiltgröße ankommen, so bestimmen Sie die Kantenlänge des kleinen Rhombus nach Belieben, ebenso die Anzahl der Reihen.
Die zugeschnittenen Stoffteile können ganz normal oder nach der englischen Methode (vgl. Kapitel „5.5 Sechseck" und Kapitel „5.8 Seminole") zusammengenäht werden.
Fügen Sie die fehlenden Quadrate in die Ecken ein und die Dreiecke jeweils in die Mitte. Diese Flächen bieten viel Raum für liebevolles Quilten.
Als Beispiel dafür, wie man mit den Elementen des Lone Star eine rechteckige Fläche füllen kann, mag der abgebildete Quilt *„Christoph's Quilt"* gelten.
Eine Gemeinsamkeit von *Rolling Star, Le Moyne Star, Castle Wall, Double Star* und *Lone Star* ist ihr etwas komplizierter Aufbau, verbunden mit entsprechend vielen Einzelteilen.

„Lone Star“
1982 von F. Kohlhaußen
112 x 112 cm

linke Seite
„Christophs Quilt"
1983 von F. Kohlhaußen
156 x 226 cm

„Magnetfeld"
1987 von F. Kohlhaußen
123 x 123 cm

Ein Block allein betrachtet wirkt schon sehr schön und könnte beispielsweise ein gelungenes Mittelstück für einen Medaillonquilt abgeben.
Genauso genügt ein einziger derartiger Block zum „Spielen". Vervielfältigen Sie ihn, legen Sie ihn zusammen, schneiden Sie ihn auseinander. Versuchen Sie, einen eigenen Entwurf auszuarbeiten.

Legen Sie zum Beispiel Transparentpapier über den Block und probierten Sie, mit Grautönen verschiedene Betonungen hervorzuheben.
Lassen Sie Ihrer Phantasie und Ihrem Geschmack freien Lauf. Und wenn Sie eine Variante gefunden haben, die Sie voll befriedigt, setzen Sie das Ganze in Farbe um.

5.8 Seminole Patchwork

Die Seminole- und Miccosukeeindianer wurden seinerzeit aus ihren angestammten Gebieten umgesiedelt in sumpfige Landstriche in Florida. Etwa um 1880 versorgte man sie mit einfachen Nähmaschinen und Stoffen. Noch bis 1920 verzierten sie ihre Kleider lediglich mit bunten, waagrechten Stoffbändern. Dann entdeckten sie die atemberaubenden Möglichkeiten, die Streifenstoffe zu zerschneiden und auf neue Art zusammenzusetzen. Sie waren unglaublich kreativ. (Quelle: „Seminole Patchwork" von Cheryl Greider-Bradkin, A Yours TrulyPublication) Für uns haben drei praktische moderne Werkzeuge, nämlich der Rollschneider mit Schneidmatte und ein langes Lineal, dieser Technik neue Impulse gegeben.

Seminole Patchwork wurde von Anfang an mit der Maschine genäht. Der Zeitaufwand, mit Hilfe von Schablonen die Stoffe zuzuschneiden, wie das bei

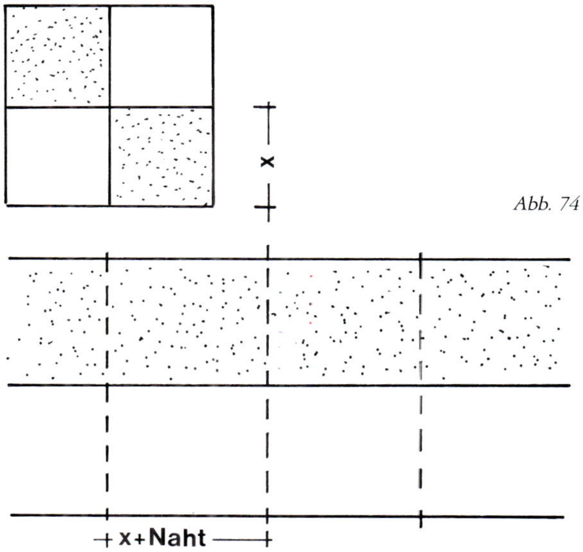

Abb. 74

traditionellem Patchwork gemacht wird, entfällt. Riß man früher einzelne Streifen vom Stoff ab, so können wir heute mit dem Rollschneider gleich mehrere Stofflagen mühelos zerschneiden. Keine Frage, daß diese Methode schneller zum Ziel führt. Was eventuell als Nachteil empfunden werden kann, ist die Tatsache, daß mit Stoffen vom Meter gearbeitet wird und nicht mit Resten. Dadurch entbehren die Arbeiten den Charme der Restequilts.

5.8.1 PRAKTISCHE ANWENDUNG

Mit dieser Verschnittmethode lassen sich sowohl traditionelle Muster als auch eigene Entwürfe schneller arbeiten.
Nehmen Sie zwei unterschiedliche Stoffe, möglichst mit der gleichen Webbreite, und schneiden sie mit dem Rollschneider in Streifen.
Beginnen wir mit einem einfachen *Four Patch.*
Die Breite des Streifens richtet sich danach, wie groß eins der vier Quadrate sein soll.
Beispiel: Die gewünschte Größe beträgt x = 3 cm plus 2 x Nahtzugabe je nach Nähmaschinenfüßchen 6 oder 7 mm. Dies ergibt eine Streifenbreite von 4,2 oder 4,4 cm. Je nachdem, wieviele Four-Patch-Quadrate Sie haben möchten, nähen Sie entsprechend viele Streifenpaare zusammen.

Für einen *Sixteen Patch* oder ein Schachbrettmuster werden vier und mehr Streifen aneinandergenäht. In jedem Fall bügeln Sie die Nahtzugabe nach einer Seite. Legen Sie den Stoff auf die Schneidmatte und schneiden mit dem Rollschneider im rechten Winkel Streifen mit der gleichen Breite wie zuvor ab. Je zwei Stücke aneinandergenäht bilden einen Four Patch.

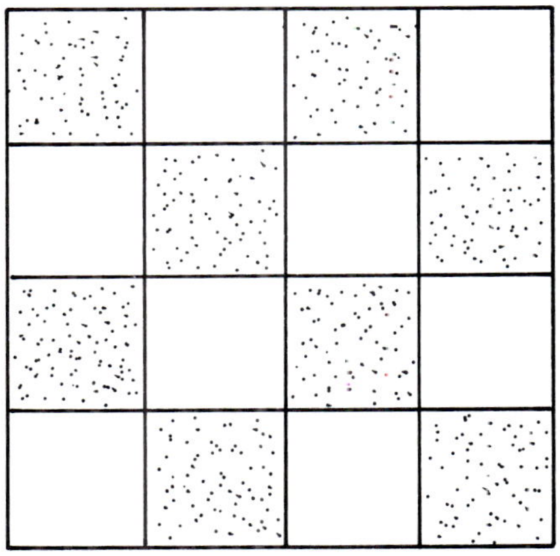

Abb. 75

Reihenweise aneinandergenäht ergibt sich dann ein Schachbrettmuster. Zum exakten Zusammennähen stecken Sie sich die Nähte der zu verbindenden Teile senkrecht zur Naht Stecknadeln oder Sie nähen mit Fingerspitzengefühl, indem Sie bei beiden Teilen die zur Seite gebügelten Nahtzugaben dicht aneinanderschieben. Sie fühlen dann wie sie aneinanderstoßen und nähen darüber. Dazu ist allerdings etwas Erfahrung notwendig.

Bei einem *Nine Patch* muß man etwas aufpassen. Hier haben Sie es mit zwei unterschiedlichen Streifengruppen zu tun (Zeichnung).

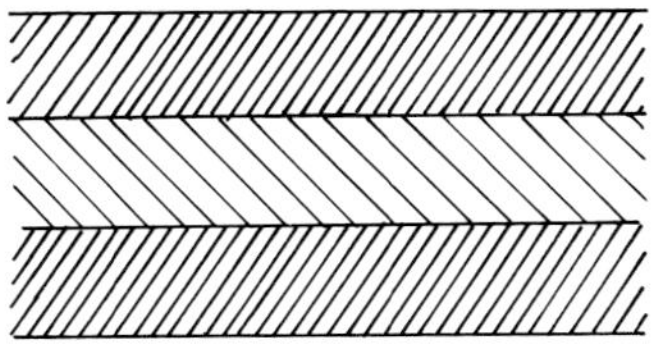

Streifengruppe A

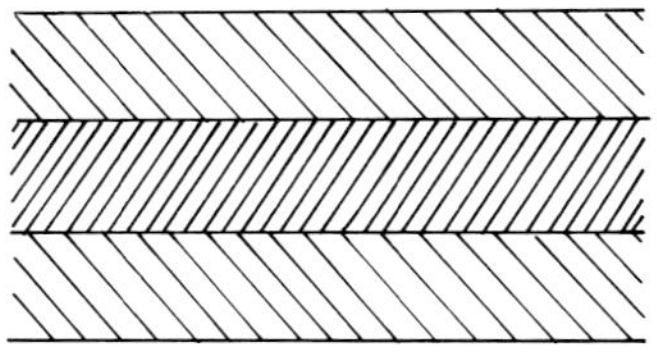

Streifengruppe B *Abb. 76*

Gruppe A: dunkel, hell, dunkel entspricht Reihe 1 und 3
Gruppe B: hell, dunkel, hell entspricht Reihe 2. Nähen Sie die beiden Streifenkombinationen und schneiden Sie von der Gruppe A doppelt so viele Stücke wie von B. Bei nur zwei Farben gibt es für den Nine Patch zwei Möglichkeiten, ihn auszumalen. Siehe Zeichnung, Typ 1 und 2. Wollen Sie einen Quilt nähen, in dem beide Typen gleichermaßen vorkommen, können Sie von den verschiedenen Streifengruppen gleich viele Stücke abschneiden.

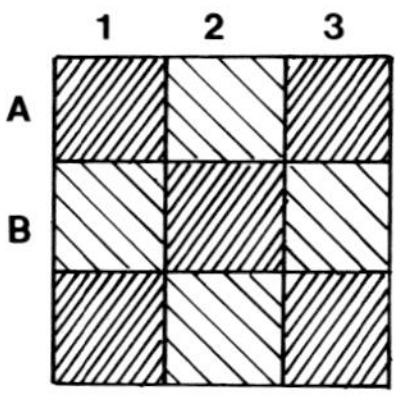

Abb. 77

Typ I

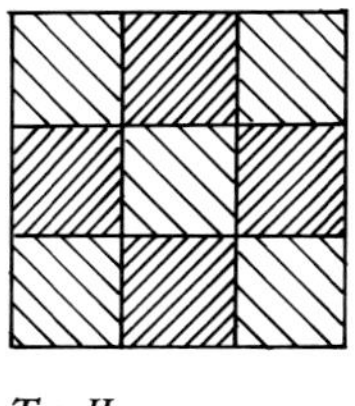

Abb. 78

Typ II

Für den nächsten Schritt wählen wir das Muster *Sunshine and Shadow, Stair Steps* oder *Brickwall.* Es werden fünf, sieben oder mehr Farben verwendet. Die Grundform ist ein Quadrat oder Rechteck. Beginnen Sie mit dem letzteren. Im Fall Stair Steps und Brickwall schneiden Sie die ersten Streifen doppelt so breit wie die zweiten. Das bedeutet: 2a plus 2 x Nahtzugabe oder a plus 2 x Nahtzugabe. Neu ist nun, daß der gebügelte Streifenstoff zu einem Tunnel zusammengenäht wird. Manchmal ist es praktisch, zwei Streifenfolgen miteinander zu verbinden. Die letzte Naht wird auch noch ausgebügelt, und dann werden von dem Schluach mit dem Rollschneider quer zur Naht Streifen abgeschnitten.

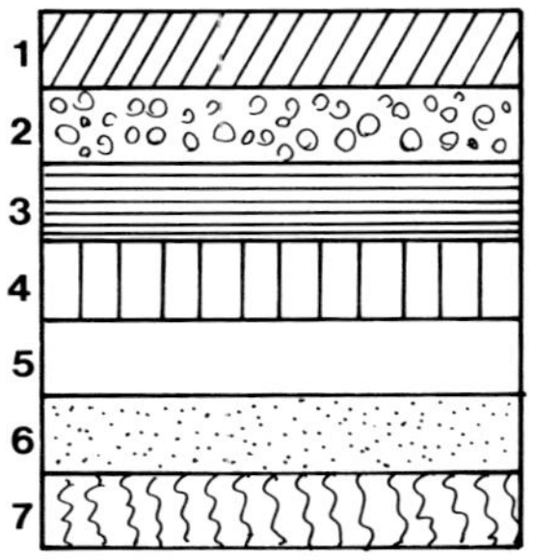

Abb. 79

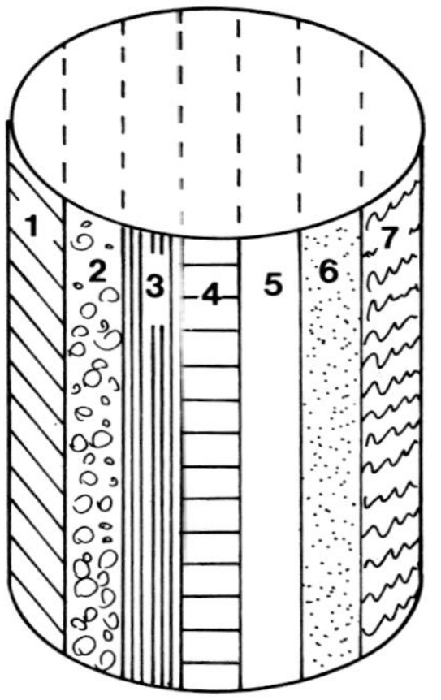

Abb. 80

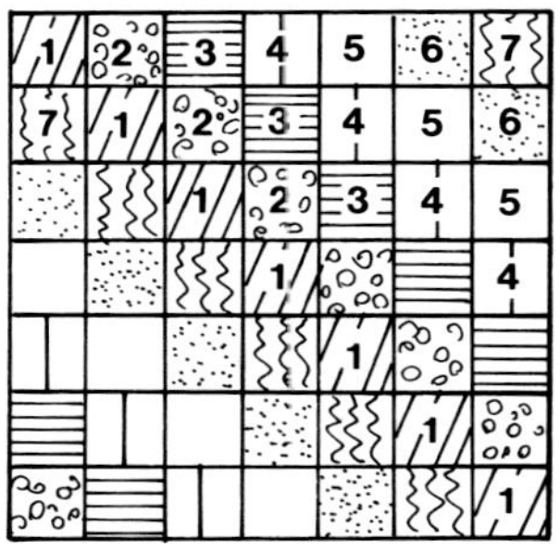

Abb. 81

Kleine Weihnachtstischdecke
1990 von F. Kohlhaußen
91 x 91 cm

„Baby Quilt"
1990 von F. Kohlhaußen
122 x 108 cm

Auf der Abb. 82 sehen Sie, daß zum Beispiel die Farbe im untersten Streifen links sich in jeder darüberliegenden Reihe um einen halben „Stein" nach rechts verschiebt. Daher öffnen Sie für die Reihen (jede zweite!) A, C, E, G, J die Endlosstreifen in der Naht an entsprechender Stelle. Bei den dazwischenliegenden Reihen B, D, F, H wird der Stoff in der Mitte auseinandergeschnitten.

Legen Sie alle Streifen der Reihe nach vor sich hin und kontrollieren den Farbverlauf. Erst dann wird genäht. Achten Sie darauf, daß die Nahtzugaben abwechselnd nach oben und unten zeigen, damit nicht zu dicke Stellen entstehen.

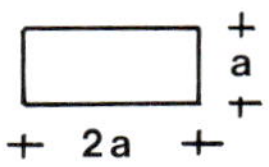

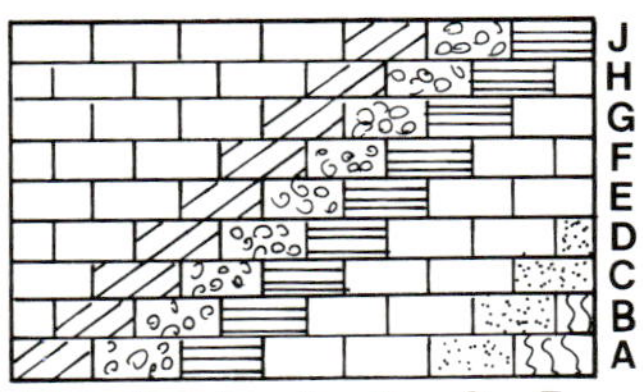

Abb. 82

„Babyquilt, blau-weinrot"
1990 von F. Kohlhaußen
140 x 117 cm

Die Indianer haben mit großer Kunstfertigkeit durch unterschiedlich breite Streifen, durch Verschieben und Zerschneiden in bestimmten Winkeln eine große Zahl reizvoller Muster geschaffen. Ich will Ihnen nicht die Entdeckerfreude nehmen und daher nur das Prinzip erklären. Mit im Winkel von 45° schräg geschnittenen Streifen läßt sich auch gut das traditionelle Muster *Lone Star* nähen (Kapitel 5.7 „Achtzackiger Stern").

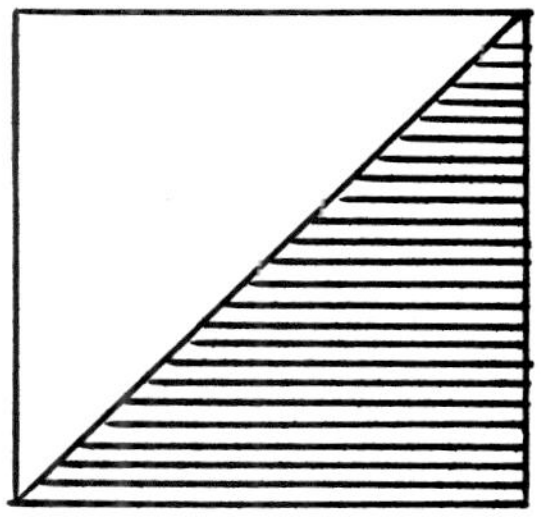

Abb. 83

5.8.1.1 Dreiecke schnell und gut

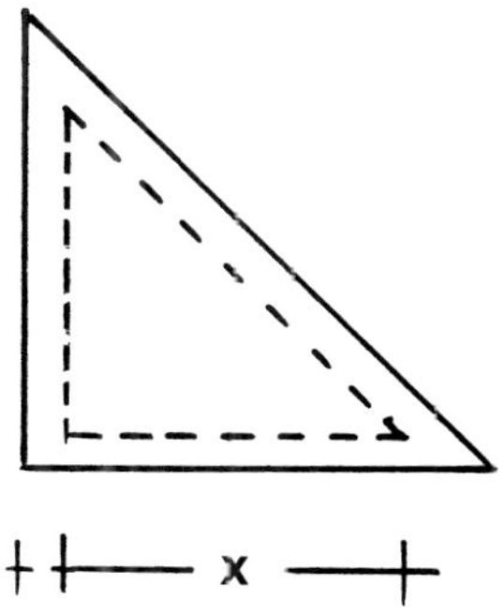

Abb. 84

Im Zusammenhang mit dem Vorhergehenden steht auch die Fertigkeit, zwei unterschiedlich farbige Dreiecke schnell zu einem Quadrat zusammenzunähen. Nehmen Sie zwei gleich große Stücke Stoff und legen sie übereinander. Schneiden Sie die obere Kante mit dem Rollenschneider gerade. Legen Sie Ihre vorbereitete Dreieckschablone mit angeschnittener Nahtzugabe an die Kante an und umfahren sie mit einem Stift. Direkt daneben, jedoch umgekehrt, fügen Sie das nächste an, bis die Reihe voll ist.

Zeichnen Sie Reihe um Reihe, ein Dreieck exakt unter das andere. Nun stecken Sie die Stoffe mit Nadeln zusammen. Nähen Sie füßchenbreit rechts und links neben den Diagonalen auf den gestrichelten Linien (Abb. 85). Setzen Sie jeweils dort mit der Naht aus, wo der rechte Winkel des angrenzenden Dreiecks liegt. Die Fäden müssen nicht getrennt werden, die Arbeit läßt sich weiterziehen. Liegt der genähte Stoff wieder auf der Schneidematte, trennen Sie den Stoff an allen waagerechten, senkrechten und diagonalen (zwischen den Nähten) Linien durch. Klappen Sie die Dreiecke auseinander. Nun können Sie daraus ein Bäumchenmuster oder etwas anderes zusammensetzen.

Abb. 85

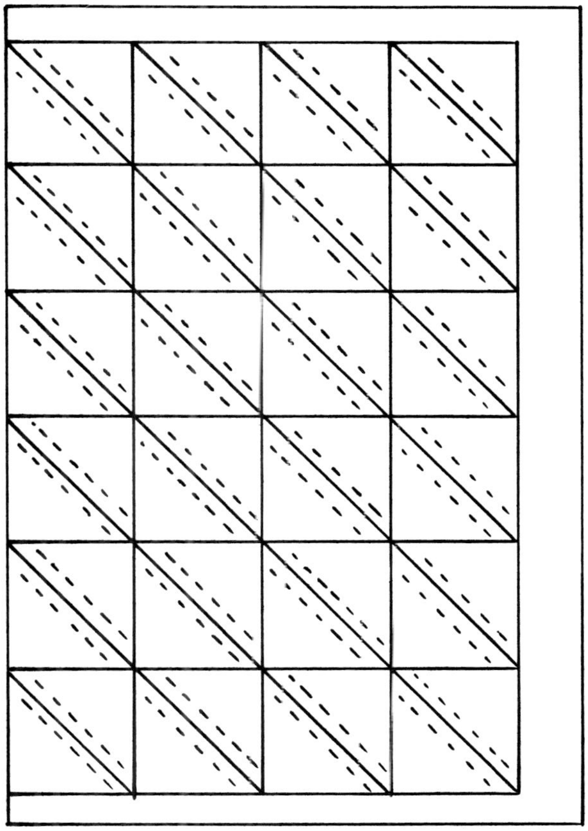

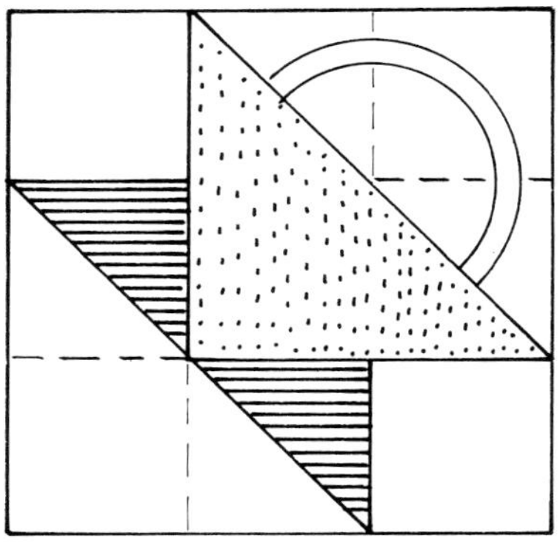

Abb. 86a

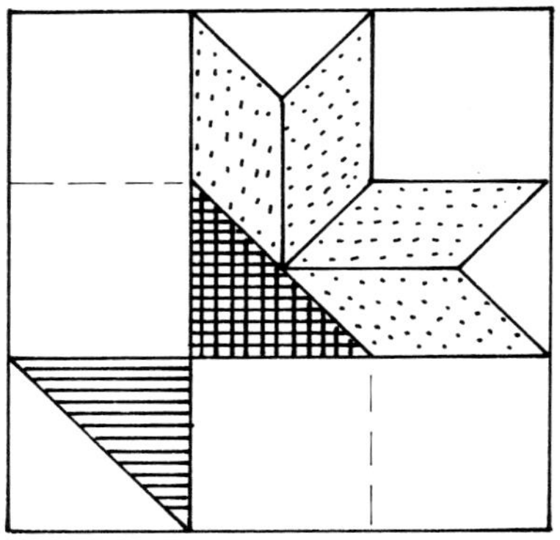

Abb. 86b

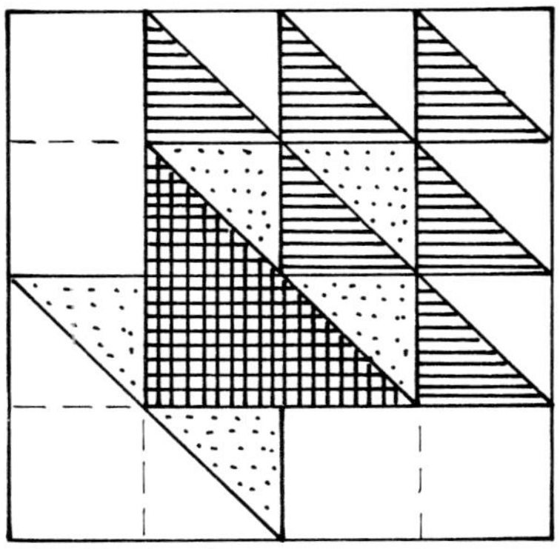

Abb. 86c

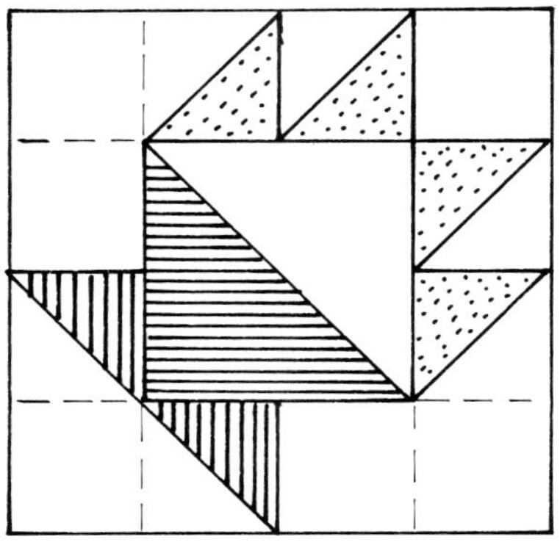

Abb. 86d

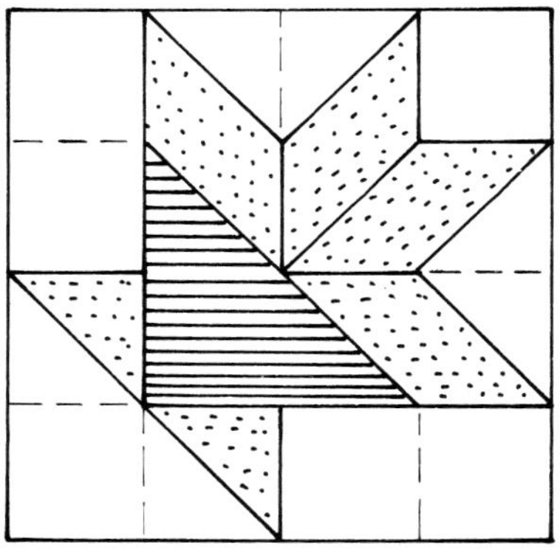

Abb. 86e

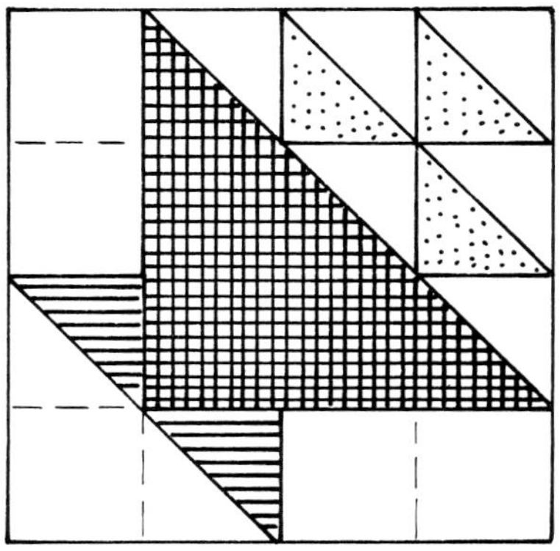

Abb. 86f

5.9 Sondermuster

5.9.1 BASKET

In diesem Kapitel werden fünf beliebte Patchworkthemen, die durchaus auch in den vorher behandelten Kapiteln ihren Platz haben, nochmals gesondert beschrieben.

Bei der Beschäftigung mit Quilts stößt man immer wieder auf ein Körbchenmuster in reiner Pieceworktechnik, zuweilen auch als Appliquéarbeit bzw. Kombination beider Handarbeiten.
Dieses Motiv ist seit jeher so beliebt gewesen, daß es in zahlreichen Variationen vorkommt. Während man sich in England meist damit begnügt(e), dem Muster seinen Herstellungsort zur Unterscheidung hinzuzufügen, gibt es in Amerika, je nach geographischer Lage, eine Reihe unterschiedlicher Namen, wie *Basket, Basket Of Scraps, Cakestand, Flower Basket* und *Amish Basket,* um nur einige zu nennen.

Hier sind elf typische Muster abgebildet. Sie haben alle eines gemeinsam: Ihnen liegt ein Raster zugrunde. Um dies besser sichtbar zu machen, sind gestrichelte Linien eingezeichnet. „Körbchen" kommen im Nine-, Four- und Five-Patch-Muster vor. Die Anzahl der Teile – und somit der Schwierigkeitsgrad der Herstellung – variiert. Ein Körbchen mit nur sieben Teilen ist leicht und schnell genäht. Für eines mit 29 Teilen braucht es mehr Geschick und Ausdauer.

Anhand eines „Körbchens" (Abb. 86k, unten rechts) wird der Zuschneideplan aufgestellt:
Sie benötigen das Quadrat A 1mal, das große Dreieck B auch 1mal. Teil C muß 2mal zugeschnitten werden, eines davon spiegelverkehrt. Das kleine Dreieck D brauchen Sie 11mal aus einem dunkleren Stoff und 5mal aus einem hellen.

Beachten Sie den Fadenlauf. Er ist auf der Zeichnung durch einen Pfeil kenntlich gemacht (Abb. 87).

Für das Zusammennähen richten Sie sich nach der Schemazeichnung. Teil 1 wird an Teil 2 genäht, dann Teil 3 angesetzt. Nun fügen Sie Teil 4 zusammen und setzen Teil 5 an. 4 und 5 werden an 1 angesetzt.
Auf das große Dreieck können Sie aus einem Schrägstreifen einen Henkel applizieren. Wer will, verziert das Körbchen mit Blumen oder Früchten (Abb. 88).

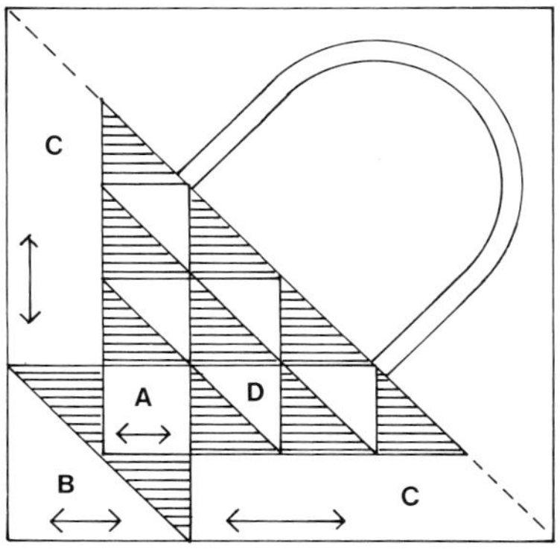

Abb. 87

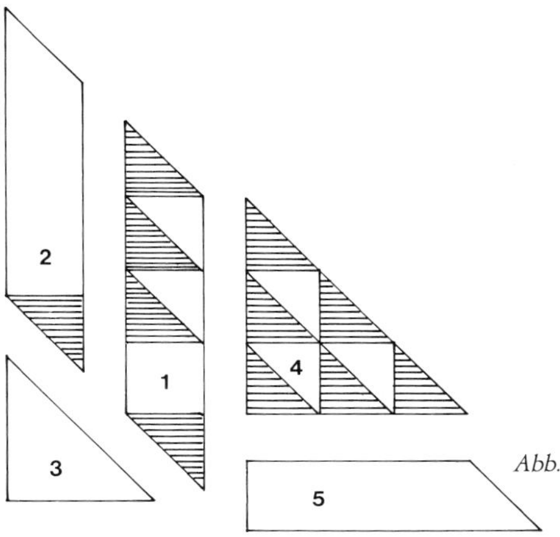

Abb. 88

Abb. 86g

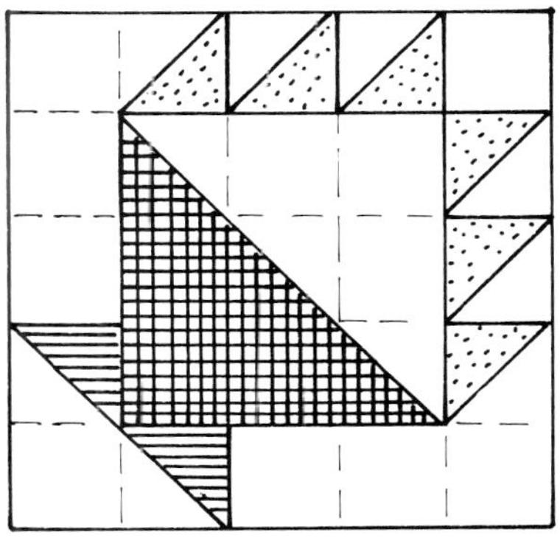

Abb. 86h

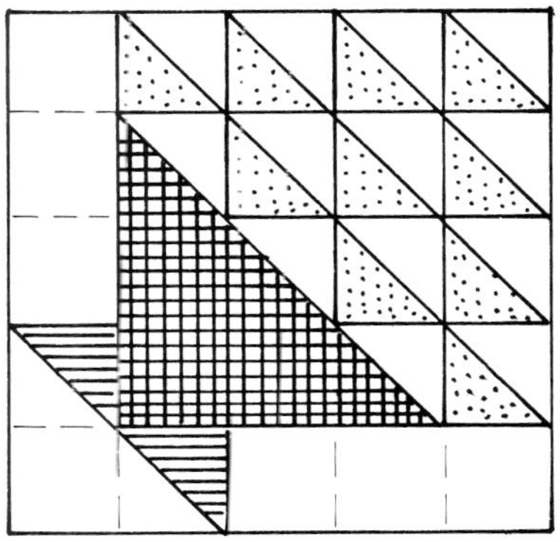

Abb. 86i

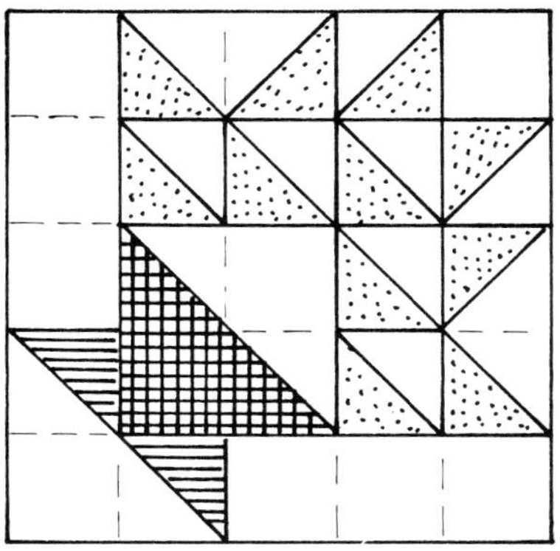

Abb. 86j

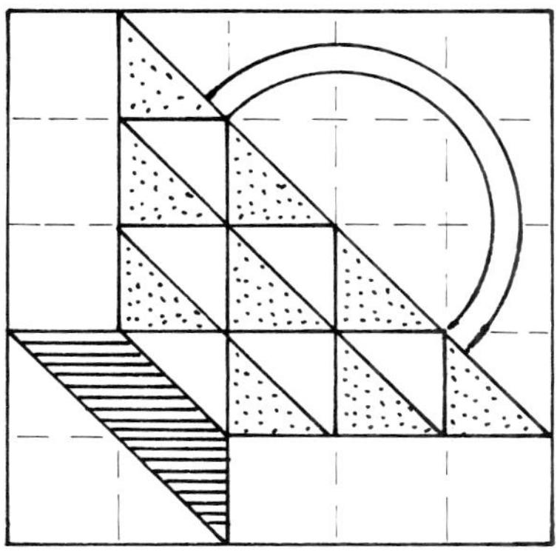

Abb. 86k

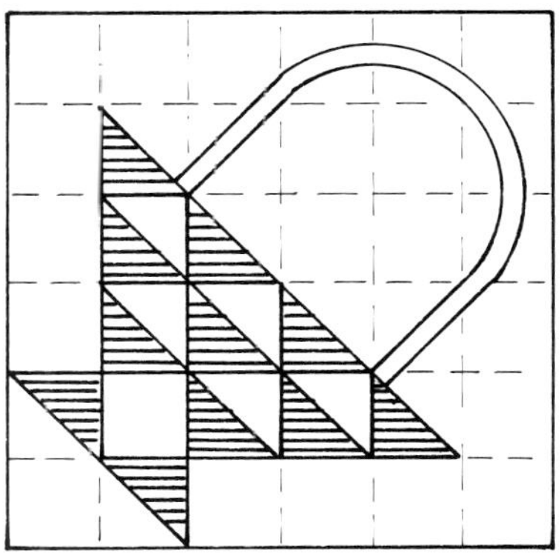

5.9.2 CARD TRICK

Der „Kartentrick", ein überaus dekoratives Blockmuster, gehört zur Nine-Patch-Familie und ist zum Nacharbeiten gar nicht schwer.
Zur Herstellung von Card Trick benötigen Sie zwei Schablonen: ein kleines Dreieck (A) und ein großes Dreieck (B).
Sie nehmen am besten vier verschiedene Stoffe, nach Helligkeit in zwei Gruppen unterteilt. Von jedem der vier Stoffe schneiden Sie zwei große und zwei kleine Dreiecke zu. Von dem Hintergrundstoff brauchen Sie vier große und vier kleine Dreiecke. Der Fadenlauf sollte parallel zu den Außenkanten des Quadrats verlaufen.
Das Zusammennähen macht keine Schwierigkeiten. Nähen Sie jedes der neun Quadrate für sich und dann in Reihen zusammen. Beginnen Sie mit den diagonal verlaufenden Nähten. Erst die beiden kleinen Dreiecke zusammennähen, dann das große anfügen.

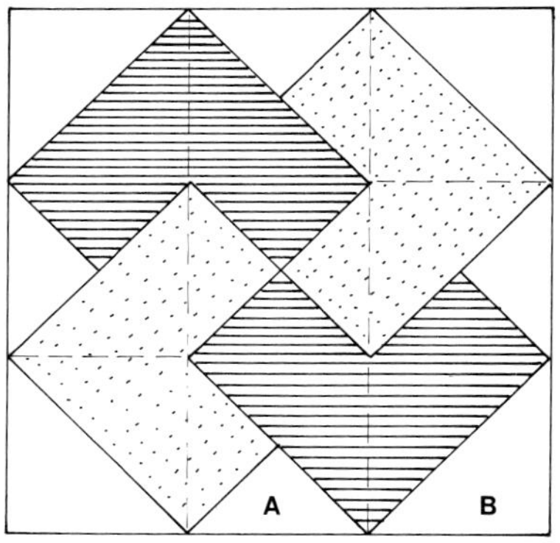

Abb. 89

5.9.3 TWISTING STAR

Statt der vier „Karten" wie beim Card Trick sind beim *Twisting Star* acht „Karten" übereinandergeschoben und ergeben das Bild eines Sterns, der sich dreht.
Zur Herstellung des Twisting Star benötigen Sie drei Schablonen: A, B und C. Sie können hier acht verschiedene Stoffe und einen Hintergrundstoff verwenden. Für diesen Fall schneiden Sie je Farbe ein großes und ein kleines Dreieck zu. Von der Hintergrundfarbe 8mal das Teil B.

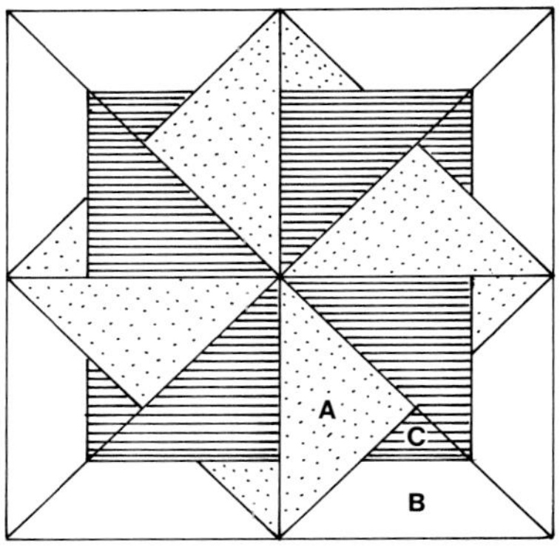

Abb. 90

Beim *Twisting Star* empfiehlt es sich, alle zugeschnittenen Teile in der richtigen Anordnung vor sich hinzulegen. Beim Zusammennähen richten Sie sich nach dem Plan. Die Pfeile zeigen die Schnitte 1–5 für ein Viertel des Blocks an.

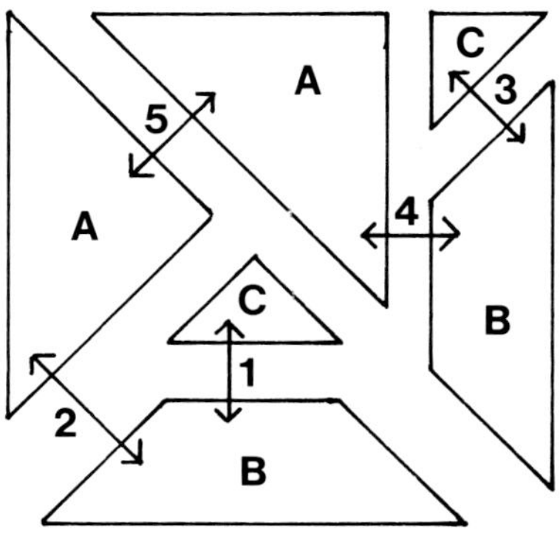

Abb. 91

5.9.4 TREES

Kissen
1985 von F. Kohlhaußen
40 x 40 cm

Der Baum als Symbol des Lebens gehört zu den ältesten Patchworkmotiven und wurde in vielfältiger Gestalt der Natur nachempfunden.
Die Abbildung zeigt acht verschiedene Blockmuster mit phantasievollen Namen wie *Pine Tree, Tall Pine Tree, Tree Of Paradise, Tree Of Live.*

Die Blockmuster gehören in die Gruppen der Four-, Nine-, Five- und Seven-Patch-Muster. Die Anzahl der Stoffstücke, die zusammengenäht werden müssen, reicht von 20 bis 78 Teilen.

Die gestrichelten Linien zeigen das Raster, das dem jeweiligen Baum zugrundeliegt. Sie bestimmen die Größe Ihres Blocks beziehungsweise der Schablonen.

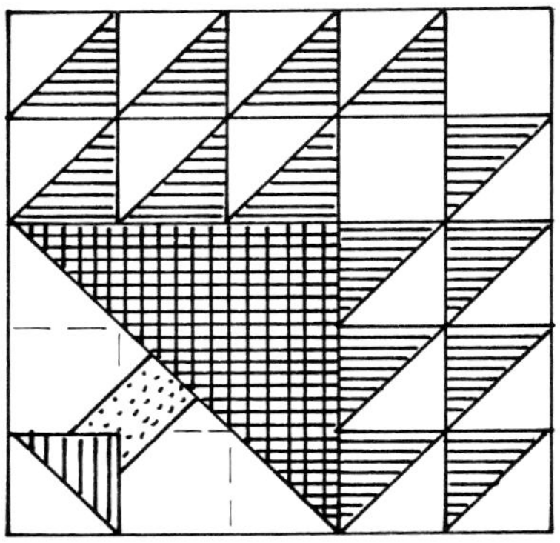
Abb. 92a

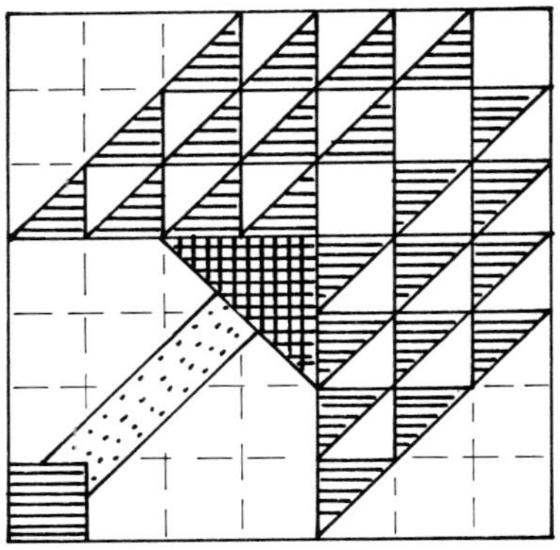
Abb. 92e

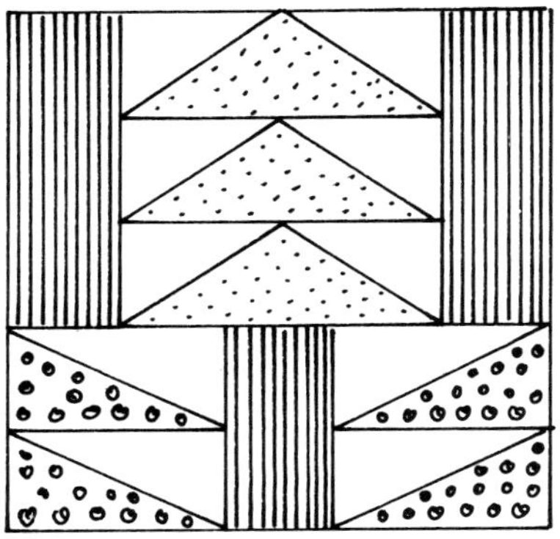
Abb. 92b

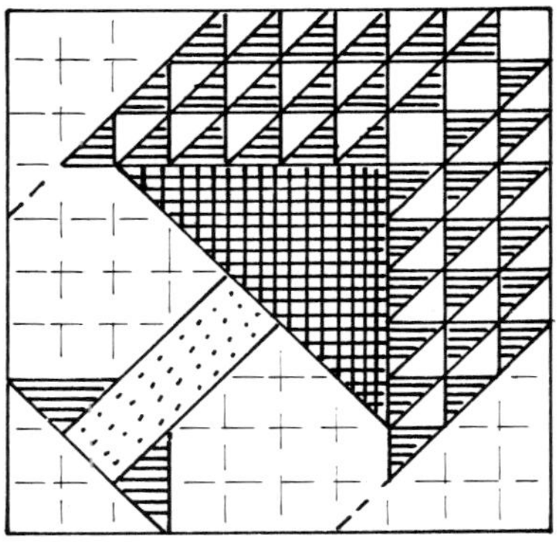
Abb. 92f

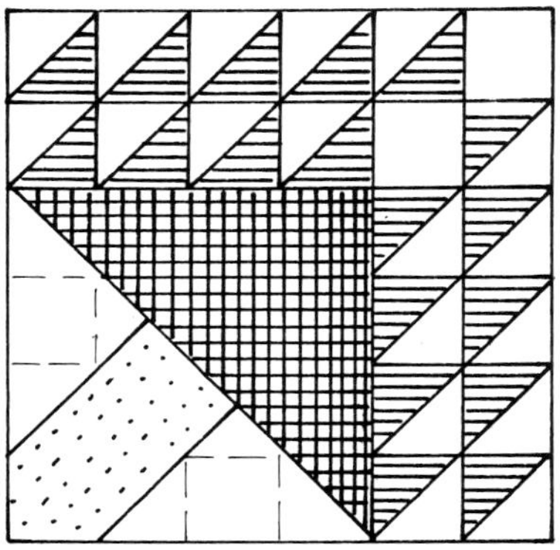
Abb. 92c

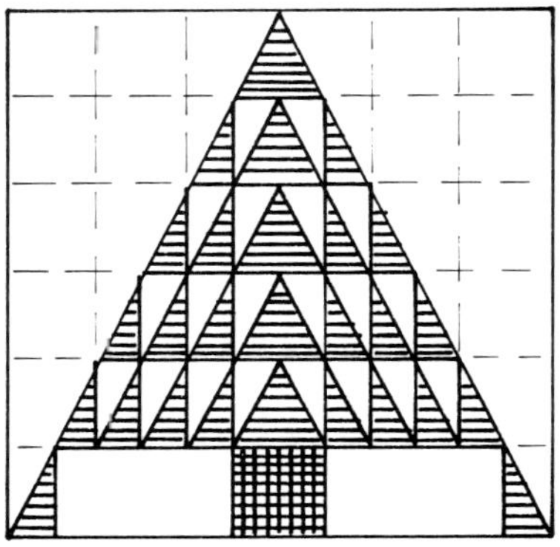
Abb. 92g

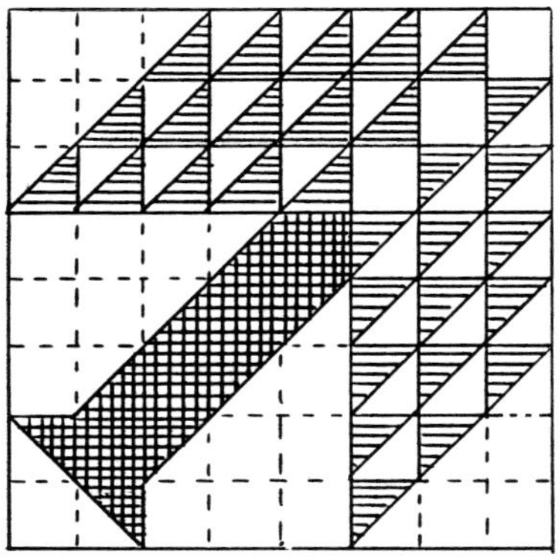
Abb. 92d

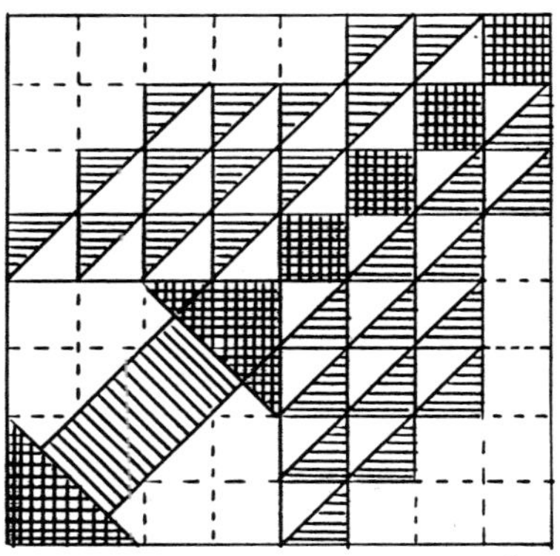
Abb. 92h

5.9.4.1 Das Herstellen eines Baumes

Die folgende Abbildung zeigt die Anordnung der notwendigen acht Schablonen und den Zuschneideplan für Bäume.
Genauso können Sie natürlich auch die anderen Bäume „zerlegen" und nacharbeiten.

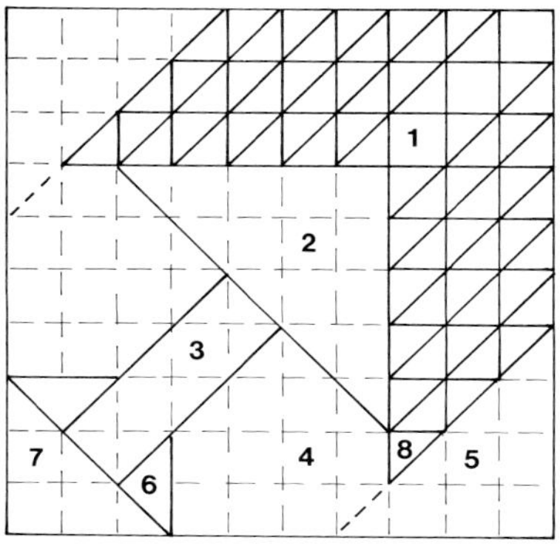

Abb. 93

Zuschneideplan:
Teil 1 = 3mal aus hellem Stoff
Teil 2 = 1mal aus dunklem Stoff
Teil 3 = 1mal aus dunklem Stoff
Teil 4 = 2mal aus hellem Stoff
Teil 5 = 2mal aus hellem Stoff
Teil 6 = 2mal aus dunklem Stoff
Teil 7 = 1mal aus hellem Stoff
Teil 8 = 36mal aus dunklem Stoff
Teil 8 = 30mal aus hellem Stoff

insgesamt 78 Teile

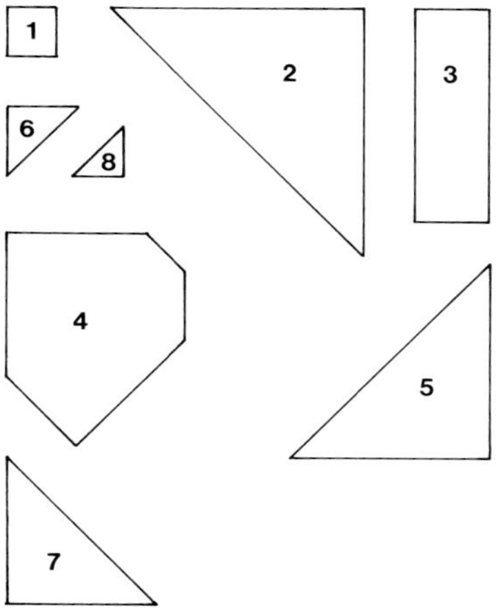

Abb. 94

5.9.5 SPIRALE

In diese Sonderkategorie fallen zwei Blöcke im Four-Patch-Aufbau, die unterschiedlich aussehen, aber in der Flächenaufteilung völlig identisch sind: *Square Within A Square* und *Snail Trail*.

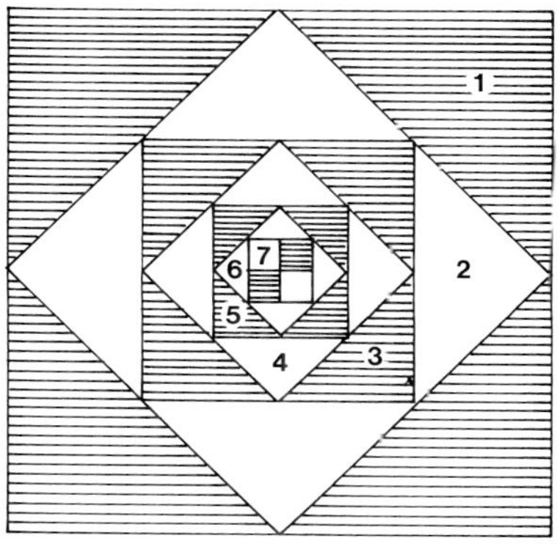

Abb. 95

Für *Square Within A Square* benötigen Sie die gleichen sieben Schablonen wie für die Spirale. Wenn Sie, wie abgebildet, nur mit zwei Farben arbeiten, können Sie allein durch unterschiedliche Anordnung von Hell und Dunkel ganz verschiedene Ergebnisse erzielen.
Bei dem Block Square Within A Square schneiden Sie von jeder der sechs Schablonen je vier Teile in der gleichen Farbe zu. Wenn Sie mit den dunklen Partien beginnen, dann werden mit allen Schablonen mit ungerader Zahl (also 1, 3 und 5) dunkle Stoffe zugeschnitten und mit allen mit gerader Zahl (also 2, 4 und 6) helle Stoffe.
Für den Block Snail Trail brauchen Sie zu jeder Schablone zwei helle und zwei dunkle Stoffe. Für die siebente Schablone, das innere Quadrat, stimmt der Zuschneideplan für beide Blöcke überein.

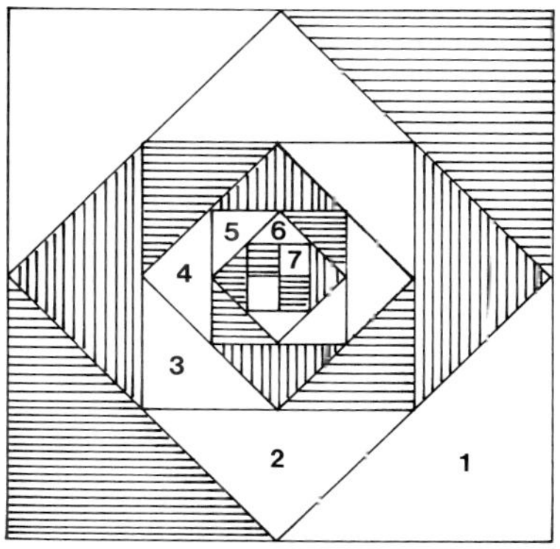

Abb. 96

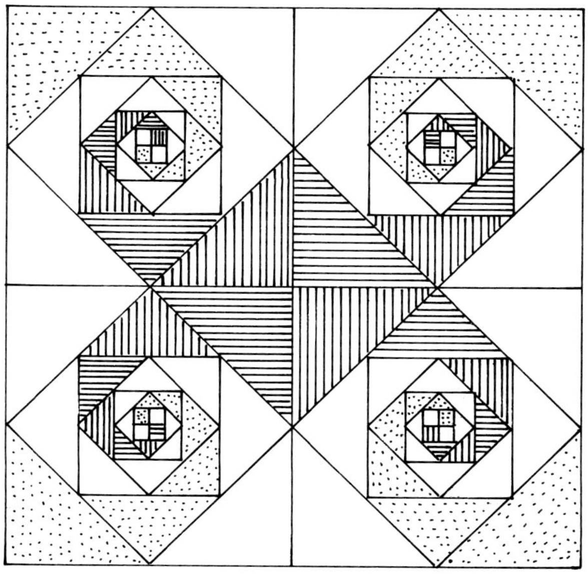

Abb. 97

Die Spirale suggeriert eine runde, kreisende Form, die sie von den streng geometrischen Blöcken abhebt.
Experimentieren Sie auch hier wieder mit diesem Block. Zeichnen Sie auf einen Bogen Papier mehrere gegeneinanderlaufende Spiralen. Vervielfältigen Sie das Blatt, und schneiden Sie die Blöcke wieder auseinander.

Zuschneideplan für *Square Within a Square:*

Teil 1 = 4mal dunkel
Teil 2 = 4mal hell
Teil 3 = 4mal dunkel
Teil 4 = 4mal hell
Teil 5 = 4mal dunkel
Teil 6 = 4mal hell
Teil 7 = 2mal dunkel und 2mal hell

insgesamt 28 Teile

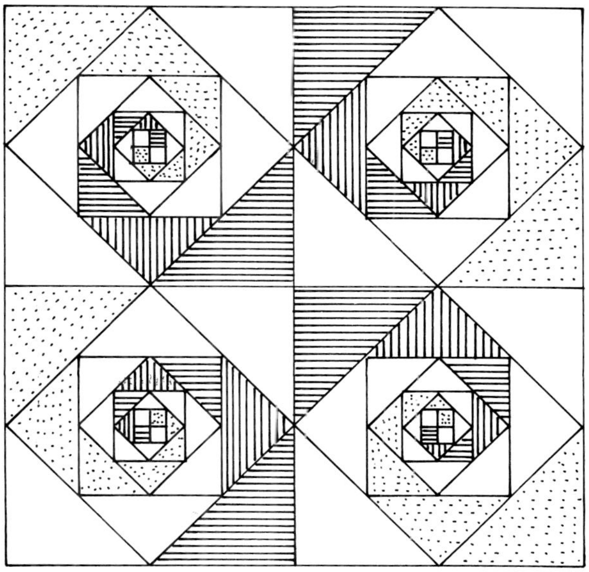

Abb. 98

Zuschneideplan für *Snail Trail:*

Teil 1 = 2mal hell und 2mal dunkel
Teil 2 = 2mal hell und 2mal dunkel
Teil 3 = 2mal hell und 2mal dunkel
Teil 4 = 2mal hell und 2mal dunkel
Teil 5 = 2mal hell und 2mal dunkel
Teil 6 = 2mal hell und 2mal dunkel
Teil 7 = 2mal hell und 2mal dunkel

insgesamt 28 Teile

Probieren Sie nun mehrere Variationen, zum Beispiel alle Spiralen laufen nach einer Seite; die Spiralen laufen nach verschiedenen Richtungen in einer symmetrischen oder asymmetrischen Anordnung; Sie kombinieren beide Blöcke.
Als Anregung mögen die folgenden Abbildungen gelten.
Bei dem abgebildeten Quilt *„Spirale“* wurden vier kleine Blöcke durch zwei große überlappt und sogar versucht, dies auch durch die Farbgebung auszudrücken.

linke Seite
„Spirale“
1982 von F. Kohlhaußen
122 x 122 cm

folgende Seite
„Snail Trail“
1985 von F. Kohlhaußen
136 x 136 cm

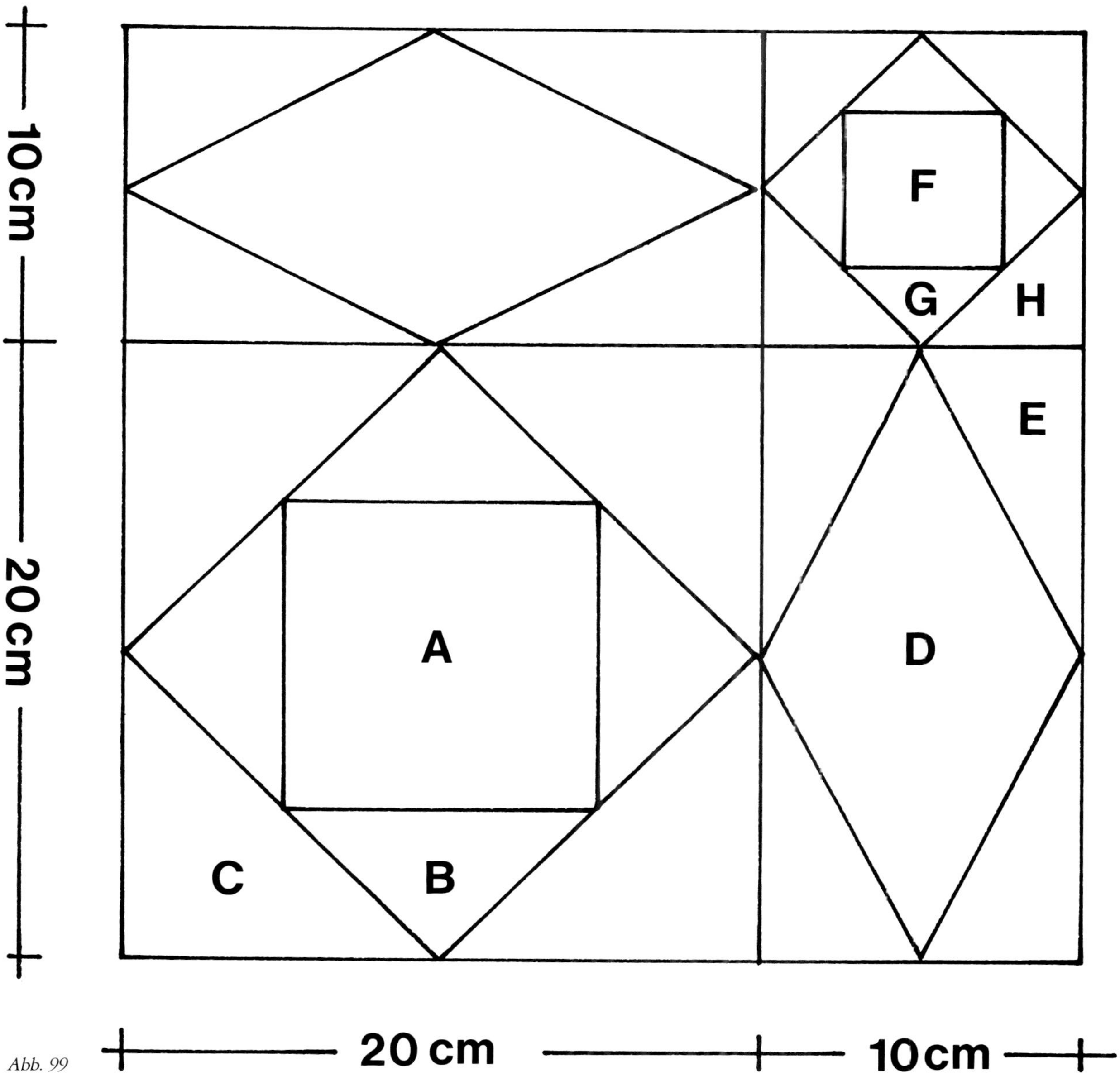

Abb. 99

5.9.6 STORM AT SEA

Es gibt mehrere Blöcke mit dem Namen „Sturm auf See" *(Storm At Sea)*. Dieser hier fällt etwas aus dem Rahmen der üblichen.

Hier haben Sie es mit einem Block zu tun, der aus einem großen Quadrat mit den Teilen A, B, C besteht, und einem sich anschließenden Rechteck, das der halben Blockgröße entspricht und aus den Teilen E und D besteht. Dazu gehört noch das kleine Quadrat, ein Viertel des erstgenannten, mit den Teilen F, G, H.

Sehen Sie sich den abgebildeten Quilt *Storm At Sea* oder die Schemazeichnung auf der nächsten Seite an. Auch hier kommt es zu einer optischen Täuschung, dem Eindruck geschwungener Linien, eben „Sturm auf See". Doch dem ist nicht so: Im Rechteck verlaufen die Linien nicht im Winkel von 45° wie bei den quadratischen Teilen. Dadurch entsteht diese Wirkung.

Abb. 100

„Storm at Sea"
1982 von F. Kohlhaußen
170 x 170 cm

Nehmen Sie nun diesen linearen Entwurf, und legen Sie ein Transparentpapier darüber. Heben Sie einzelne Flächen oder Formen mit Farbstiften hervor. Sie können mit zwei oder beliebig vielen Farben arbeiten. Es ist reizvoll, einen Entwurf auszuarbeiten.
Wollen Sie das Muster nur in drei Farbtönen arbeiten, dann können Sie sich nach dem Zuschneideplan richten. Reizvoll ist es aber auch, mit noch mehr Farben zu arbeiten.

Doch bevor Sie mit Ihrem Quilt beginnen, überlegen Sie, wie groß er werden soll, wie viele Blöcke Sie anfertigen müssen. Bei unserem Beispiel gehen wir von einer Blockgröße 30 x 30 cm aus. Sowohl bei dem großen wie auch bei dem kleinen Quadrat und Rechteck sind noch Unterteilungen möglich.

5.10 Restequilts

„Restequilt"
1988 von F. Kohlhaußen
142 x 247 cm

Drei kleine Muster zum Mut machen! Sie können gut für Restequilts Verwendung finden.
1. Die Ausgangsfigur ist ein kleines Quadrat. Eine Parallele zur Diagonalen schneidet durch die Seitenmittelpunkte gehend zwei Dreiecke ab. Es müssen nur zwei Schablonen benutzt werden. Beim Spielen mit den genähten Quadraten ergeben sich reizvolle Konstellationen.

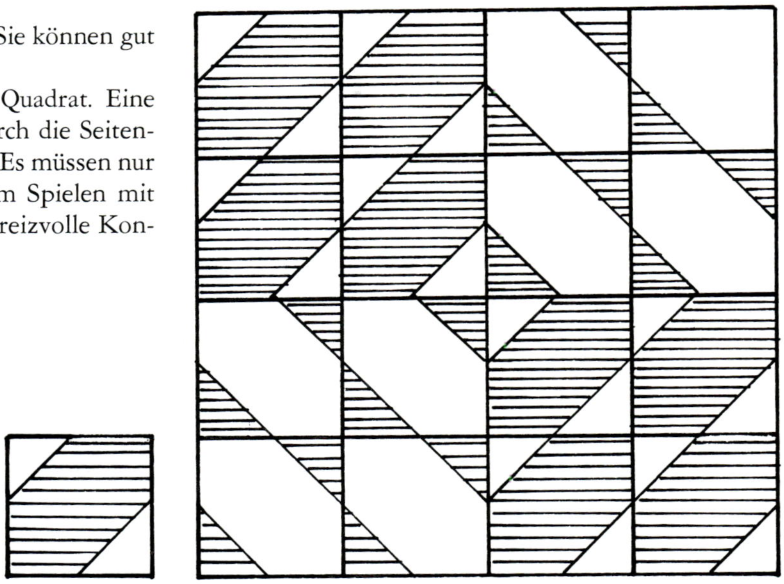

Abb. 101

2. Die Grundform hier ist ein Rechteck. Wieder sind nur zwei Schablonen notwendig. Aus diesem einfachen Muster lassen sich viele Variationen legen.

Abb. 102

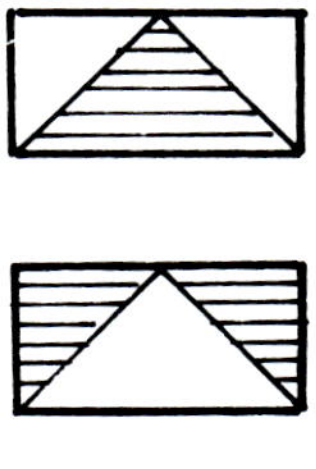

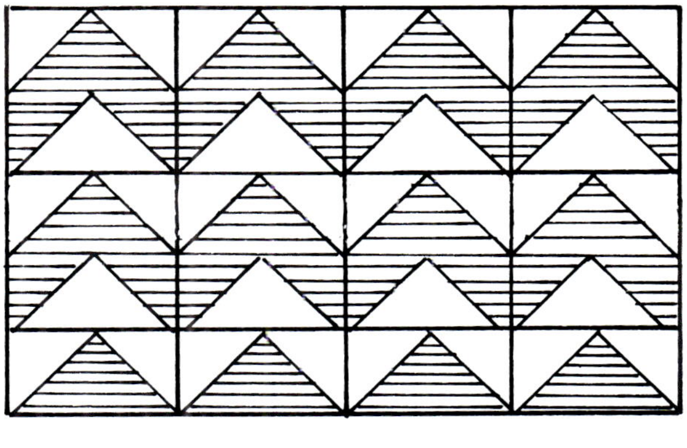

linke Seite
„Quilt, grau-rosa"
1989 von F. Kohlhaußen
135 x 235 cm

3. Eine Kombination von Dreiecken und Quadraten, die reihenweise abwechseln, führt zu dem Pfeilemuster. Bei geschickter Stoffwahl zeigen die Pfeile mal in die eine, mal in die andere Richtung. Unter Berücksichtigung einer Farbabstufung können hier sehr viele verschiedene Stoffe Verwendung finden.

Ausschnitt aus „Pfeilequilt“
1988 von F. Kohlhaußen
270 x 240 cm

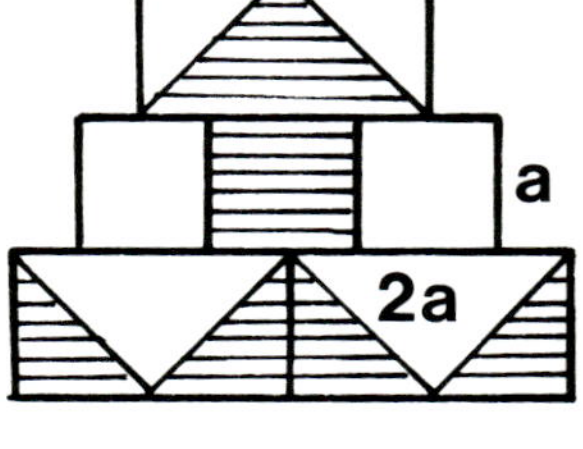

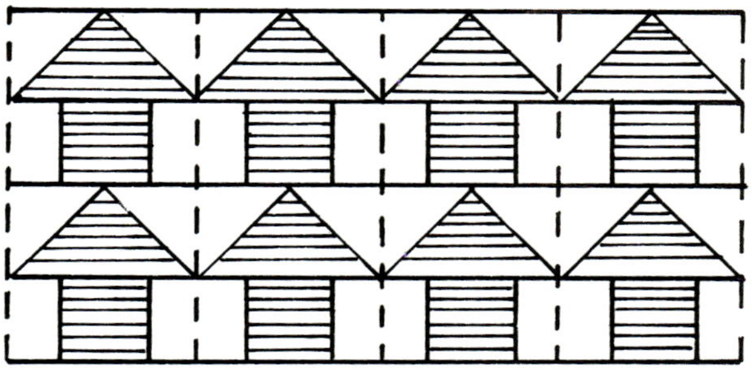

Abb. 103

5.11 Muster mit runden Nähten

Grundsätzlich gilt, daß diese Blöcke etwas anspruchsvoller in der Nähtechnik sind. Eine gebogene Naht ist, je enger die Kurve wird, um so schwieriger auf der Maschine zu nähen.

Daher ein Tip: Bringen Sie an der Rundung Ihrer Schablone mehrere Markierungspunkte an, und übertragen Sie diese auch auf die unmittelbar anstoßende Schablone. Übertragen Sie diese Punkte dann auf die Stoffe. Nehmen Sie nun die beiden Teile, die durch eine Naht verbunden werden sollen, und stecken Sie zunächst in jeden Eckpunkt quer zur Nährichtung eine Nadel. Nun suchen Sie auf beiden Stücken die Markierungspunkte und fixieren sie mit einer Nadel. Wenn notwendig, wird die Nählinie nochmals durch Nadeln gehalten.

Erst wenn die Stoffe fast flach aufeinanderliegen, kann man an die Maschine gehen. Sie merken schon, das sorgfältige Aufeinanderstecken der Stoffe dauert etwas länger.

Wer mit der Nähmaschine nicht zurechtkommt, näht runde Muster besser mit der Hand. Um eine ganz perfekte Rundung zu erreichen, ist dies ohnehin zu empfehlen.

Beachten Sie auch: Sie müssen die Nahtzugabe nicht einknipsen, wie Sie es vom Kleidernähen her kennen. Achten Sie auch hier auf den Fadenlauf beim Zuschneiden der Stoffstücke. Er sollte parallel zu den Außenkanten der Blöcke verlaufen. Dann ist nämlich der Stoff an den Rundungen meist schräg geschnitten, was bedeutet, daß er dehnbar und somit anschmiegsam ist. Bügeln Sie auch hier wieder die Nahtzugabe nach einer Seite.

Die runden Formen, ob von traditionellen oder selbst entworfenen Blocks, wirken weicher und gefälliger als die streng geometrischen Muster. Die bekanntesten althergebrachten Blocks finden Sie auf den folgenden Seiten.

Um eine eigene Note in Ihren Quilt zu bringen, scheuen Sie sich nicht davor zurück zum Beispiel „Orange Peel" oder „Drunkard's Path" durch eigene Zutaten zu verändern oder diese Blocks ungewohnt anzuordnen. Entwerfen Sie Ihren eigenen Quilt!

5.11.1 DRESDEN PLATE

Der „Dresdener Teller" ist ein nach dem berühmten Porzellan benanntes Muster, das zwischen dem 18. Jahrhundert und Ende des 19. Jahrhunderts in Deutschland hergestellt wurde und auch im englischsprachigen Raum recht populär war. Charakteristisch für dieses feine Porzellan sind seine Goldverzierung und leuchtenden Farben. Das Quiltmuster ist eine Kombination von Piecework und Appliqué.

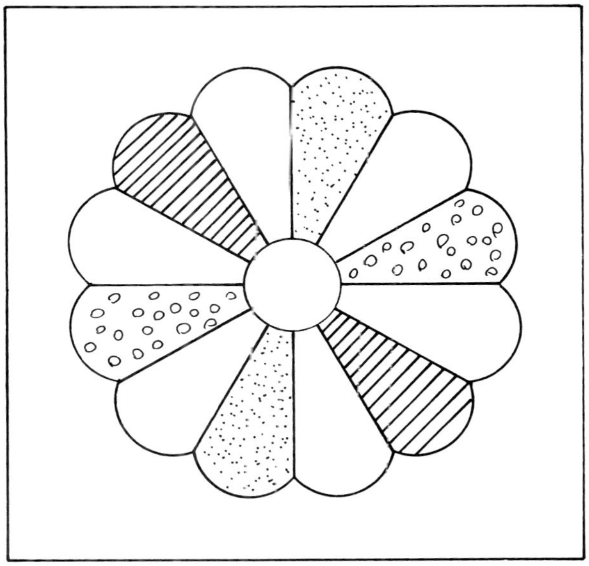

Abb. 104

5.11.1.1 Das Herstellen der Schablone

Zeichnen Sie einen Kreis in beliebiger Größe. Überlegen Sie, in wie viele Teile Sie ihn unterteilen wollen. Meistens sind es 16, 18 oder 20 Stücke.

Falten Sie Ihr rundes Papier zur Hälfte, auf ein Viertel, ein Achtel und schließlich auf ein Sechzehntel. Runden Sie die Außenkante etwas ab, indem Sie einen runden Gegenstand drauflegen und umzeichnen. Oder ziehen Sie mit dem Zirkel eine Kreislinie.

Schneiden Sie alles Überflüssige ab, auch die Spitze in der Mitte. Von dem aufgefalteten Papierkranz nehmen Sie ein Segment für die Schablone.

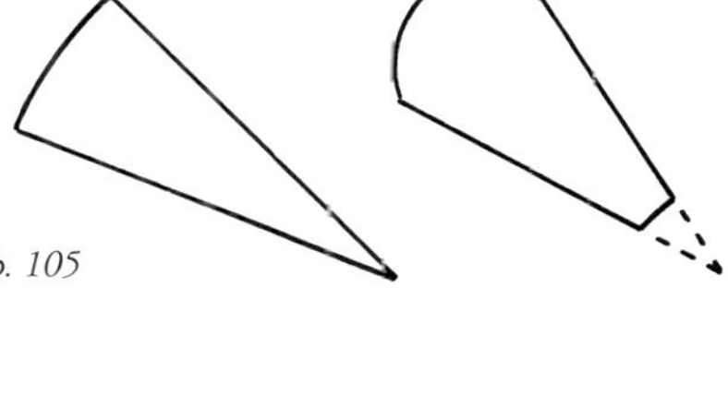

Abb. 105

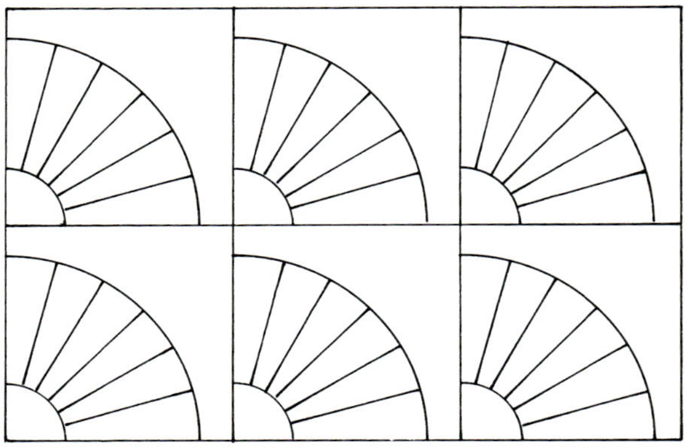

Abb. 106

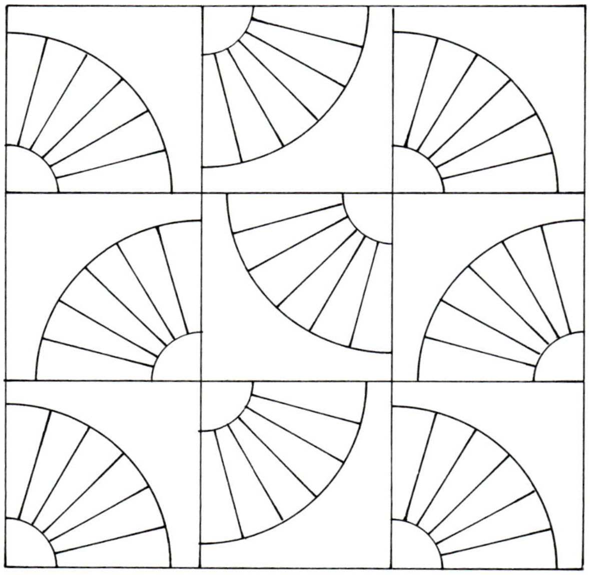

Abb. 107

5.11.1.2 Das Anfertigen des Blocks

Aus Stoffstücken zusammengenäht, wird der Kranz auf einen durchgehenden Untergrund appliziert. Man kann das mittlere Loch auch mit einem runden Stück Stoff abdecken.

Ein Tip, wie Sie bei einem runden Stück Stoff, das appliziert werden soll, eine perfekte Rundung erzielen:
Machen Sie sich eine Pappschablone in der gewünschten Größe. Schneiden Sie Ihren Stoff mit mehr Nahtzugabe als gewöhnlich zu. Ziehen Sie einen Reihfaden durch den Stoff entlang der Außenkante. Ziehen Sie den Reihfaden über der Pappe zusammen, verknoten Sie den Faden, und bügeln Sie das Stück. Vor dem Applizieren entfernen Sie die Pappe und den Reihfaden und schneiden eventuell auch die Nahtzugabe zurück.
Das Dresden-Plate-Muster ist ein guter Resteverwerter; außerdem ist es nicht schwer nachzuarbeiten und wirkt ruhig.

5.11.2 GRANDMOTHER'S FAN

„Großmutters Fächer" ähnelt dem Dresden-Plate-Muster sehr. Allerdings haben wir es hier nur mit einem Viertelkreis zu tun.

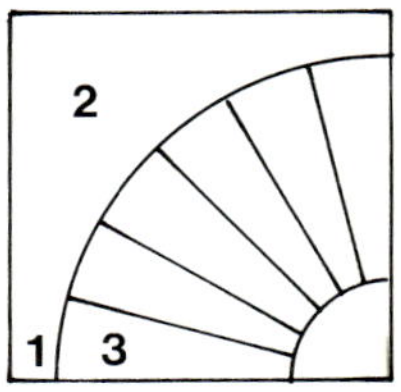

Abb. 108

Die Unterteilung, die Größe des Kreises und auch die des kleinen Kreises kann beliebig gewählt werden.
Drei Schablonen sind erforderlich:
1 = Segment des Fächers
2 = äußerer Viertelkreis
3 = innerer Viertelkreis
Alle Teile werden aneinandergenäht, nicht appliziert!

Der Reiz von Grandmother's Fan liegt in der Anordnung und den Farben des Blocks. Die Abbildungen zeigen zwei Beispiele der zahlreichen Gestaltungsmöglichkeiten.

„Fächer“
1984 von Christine Wagner
142 x 162 cm

5.11.3 ORANGE PEEL

Die „Orangenschale“ gehört wohl zu den ältesten Mustern mit runden Nähten. Es soll auf den französischen General Lafayette zurückgehen, der während der amerikanischen Kolonialzeit überall gefeiert wurde und moralische Unterstützung bot. Die Geschichte erzählt, daß Lafayette auf einem Ball angeblich eine Orange mit seiner Tanzpartnerin teilte. Diese nahm davon ein gerundetes Stückchen mit nach Hause und nähte danach ein Pieceworkmuster zur Erinnerung an Lafayette.
Orange Peel ist ein einfaches Muster mit zwei sich gegeneinanderneigenden Viertelkreisen. Der Block besteht aus nur drei Teilen bzw. zwei Schablonen.

5.11.3.1 Das Herstellen der Schablonen

Zeichnen Sie ein Quadrat in einem Viertel der gewünschten Größe. Um zwei gegenüberliegende Eckpunkte schlagen Sie einen Kreis, mit dem Radius der Kantenlänge Ihres Quadrats.
Danach machen Sie Ihre Schablonen.

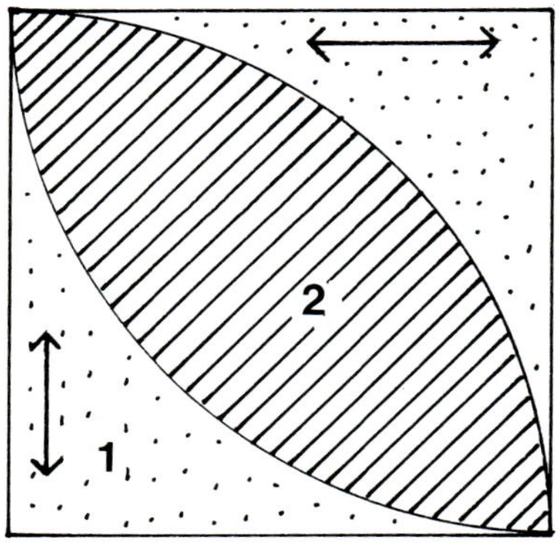

Abb. 109

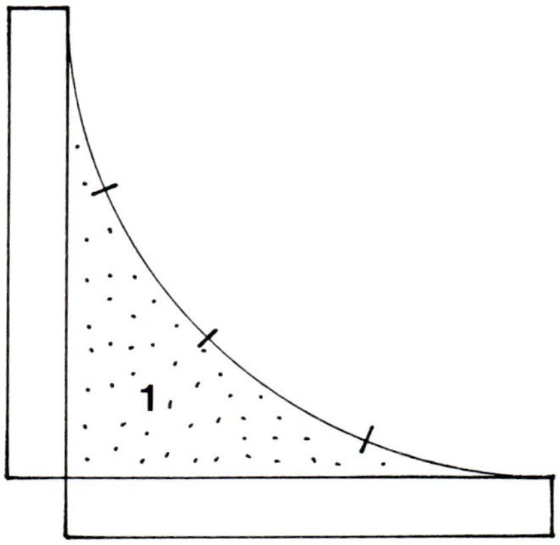

Abb. 110

Anmerkung zu Schablone 1:
Wie Sie sehen, laufen die Spitzen sehr scharf aus; sie knicken leicht ab und sind dann natürlich unbrauchbar. Verstärken Sie also Schablone 1 an den Schwachstellen, indem Sie ein Stück von der Nahtzugabe mit anschneiden.

5.11.3.2 Das Anfertigen des Blocks

Bringen Sie, wie eingangs erwähnt, bei beiden Schablonen an den Rundungen ein bis drei Markierungen an, die Sie dann auch auf den Stoff übertragen. Diese Fixpunkte erleichtern Ihnen das Zusammenstecken und Nähen.
Zunächst stecken Sie in die Eckpunkte je eine Nadel, dann durch die Fixpunkte und schließlich noch so viele weitere Nadeln, wie nötig sind, damit die Naht ohne Fältchen und Ecken ausgeführt werden kann. Versuchen Sie es ruhig mit der Maschine. Es geht!
Je kleiner allerdings der Kreis wird, desto kniffliger wird es. Wer die Rundungen besonders exakt haben möchte, näht diese besser von Hand.

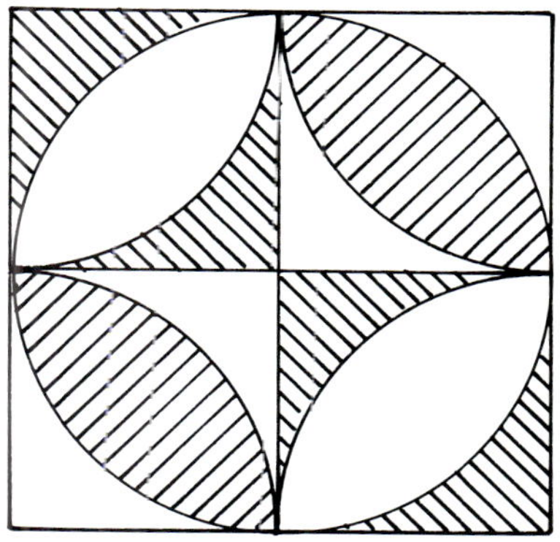

Abb. 111

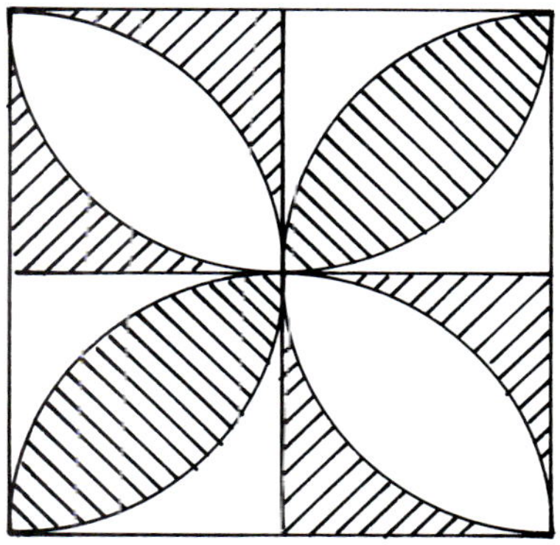

Abb. 112

5.11.3.3 Das Anordnen der Quadrate

Legen Sie je vier Quadrate zusammen, so entstehen zwei Bilder: ein geschlossener Kreis (Abb. 111) oder eine Blüte (Abb. 112).

Abb. 113

„Peanuts“
1987 von F. Kohlhaußen
117 x 117 cm

Für den Entwurf des Quiltes „Peanuts“ wurde der gleiche Block durch Einfügen eines Quadrates in der Mitte verändert.
Auch bei diesem Quilt unterstreichen die dichten Quiltlinien das Muster.

Orange Peel, „Sunset“
1981 von F. Kohlhaußen
140 x 140 cm

Sie können Orange Peel genauso wie eine echte Orangenschale in nur zwei Farben, Orange und Weiß oder Gelb und Weiß, arbeiten oder in vielen.

Es ist immer wieder interessant traditionelle Blocks nach eigenem Geschmack zu variieren.
Bei dem Quilt „Sunset“ finden sich die Blocks „Orange peel“ in der Mitte, am Rand wurden sie leicht verändert. Hier erscheinen nur noch Viertelkreise.

5.11.4 ROBBING PETER TO PAY PAUL

„Von Peter stehlen, um Paul zu bezahlen" – es gibt mehrere Muster im Patchwork, die diesen Namen tragen. Dahinter verbirgt sich die Idee, ein „gestohlenes" weißes Quadrat mit einem farbigen Stückchen zu „bezahlen" und umgekehrt. Charakteristisch bei diesem Muster mit runden Säumen ist also nicht nur, daß die Blöcke abwechselnd hell und dunkel angeordnet werden, sondern daß auch innerhalb des Blocks sich helle und dunkle Töne abwechseln. Welcher interessante Effekt dadurch entsteht, zeigt die nächste Abbildung.

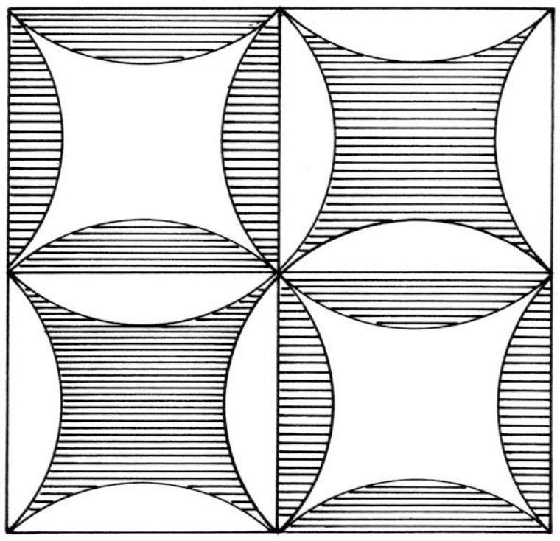

Abb. 114

5.11.4.1 Das Herstellen der Schablonen

Sie benötigen zwei Schablonen. Zeichnen Sie einen Nine Patch. Stechen Sie in den jeweiligen Mittelpunkt (x) des mittleren Quadrats den Zirkel ein. Öffnen Sie ihn, bis er einen Eckpunkt des Quadrats erreicht, schlagen Sie dann einen Kreis.
In der Mitte entsteht Ihr Block, den Sie für die beiden Schablonen zerschneiden.

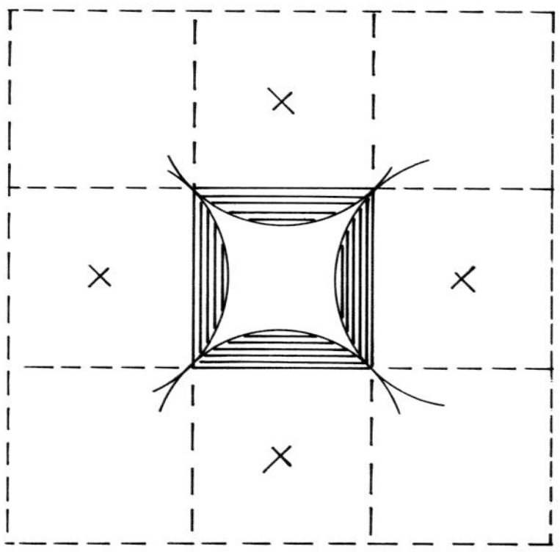

Abb. 115

5.11.5 WINDING WAYS

Auch das traditionelle Muster von „sich schlängelnden Wegen" ist ein Zeugnis amerikanischer Patchworkgeschichte: Daß die amerikanischen Siedlerfrauen etwa seit Mitte oder Ende des 18. Jahrhunderts etwas mehr Zeit und Sorgfalt für runde Säume aufbringen konnten. Vorher stand fast ausschließlich die – möglichst rasche – Herstellung einer wärmenden Bettdecke im Vordergrund, und Muße zum liebevollen Nähen runder Säume gab es selten.

5.11.5.1 Das Herstellen der Schablonen

Sie benötigen für Winding Ways drei Schablonen.
Gehen Sie von einem Nine Patch aus, obwohl dieses Muster eigentlich nicht in diese Gruppe gehört. Suchen Sie von den neun Quadraten die Mittelpunkte, indem Sie die Diagonalen zeichnen. Stechen Sie die Spitze des Zirkels in den Mittelpunkt des inneren Quadrats. Öffnen Sie den Zirkel, bis Sie den Mittelpunkt des nächstliegenden Quadrats erreichen. Schlagen Sie einen Kreis.

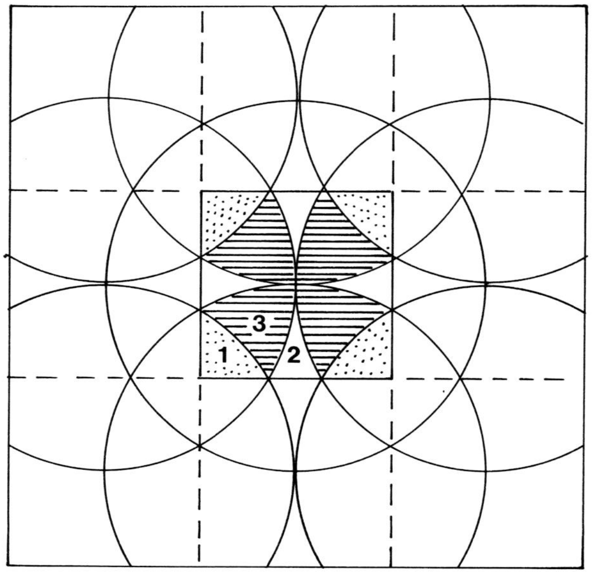

Abb. 116

Schlagen Sie mit dem gleichen Radius um die Mittelpunkte der anderen acht Quadrate Kreise.
Die sich überschneidenden Kreislinien bilden Ihr Patchworkmuster, das deutlich im mittleren Quadrat zu erkennen ist. Zerschneiden Sie es in die drei Schablonen, die Sie benötigen.

5.11.6 DRUNKARD'S PATH

Beim Anblick dieses beliebten Musters kann man sich einen torkelnden Betrunkenen (drunkard) lebhaft vorstellen! Es basiert auf demselben Prinzip wie *Robbing Peter To Pay Paul:* Je ein helles und ein dunkles Quadrat mit ausgeschnittenen Rundungen an zwei gegenüberliegenden Seiten wird raffiniert angeordnet.

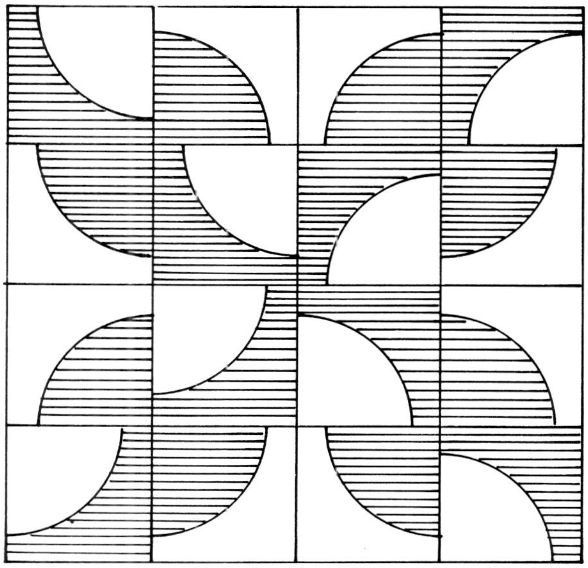

Abb. 117

Ausgangspunkt für *Drunkard's Path* ist ein einfacher Block mit einem Viertelkreis.

Wie Sie sehen, brauchen Sie nur zwei Schablonen. Für die Größe des Kreises gibt es keine feste Regel. Nehmen Sie drei Viertel oder zwei Drittel der Kantenlänge oder ein Maß dazwischen.
Sie können dieses Muster in zwei Farben wie bei *Robbing Peter To Pay Paul* arbeiten oder wie Sie möchten.

Spielen Sie mit den Blöcken! Lassen Sie sich von den Abbildungen anregen. Sie finden sicher noch mehr Möglichkeiten, als hier aufgezeigt. Sehen Sie auch die Seiten 119 und 120.

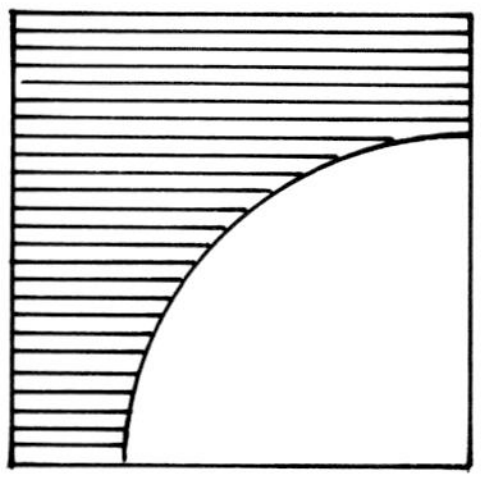

Abb. 118

Abb. 119

„Französischer Garten"
1984 von F. Kohlhaußen
108 x 140 cm

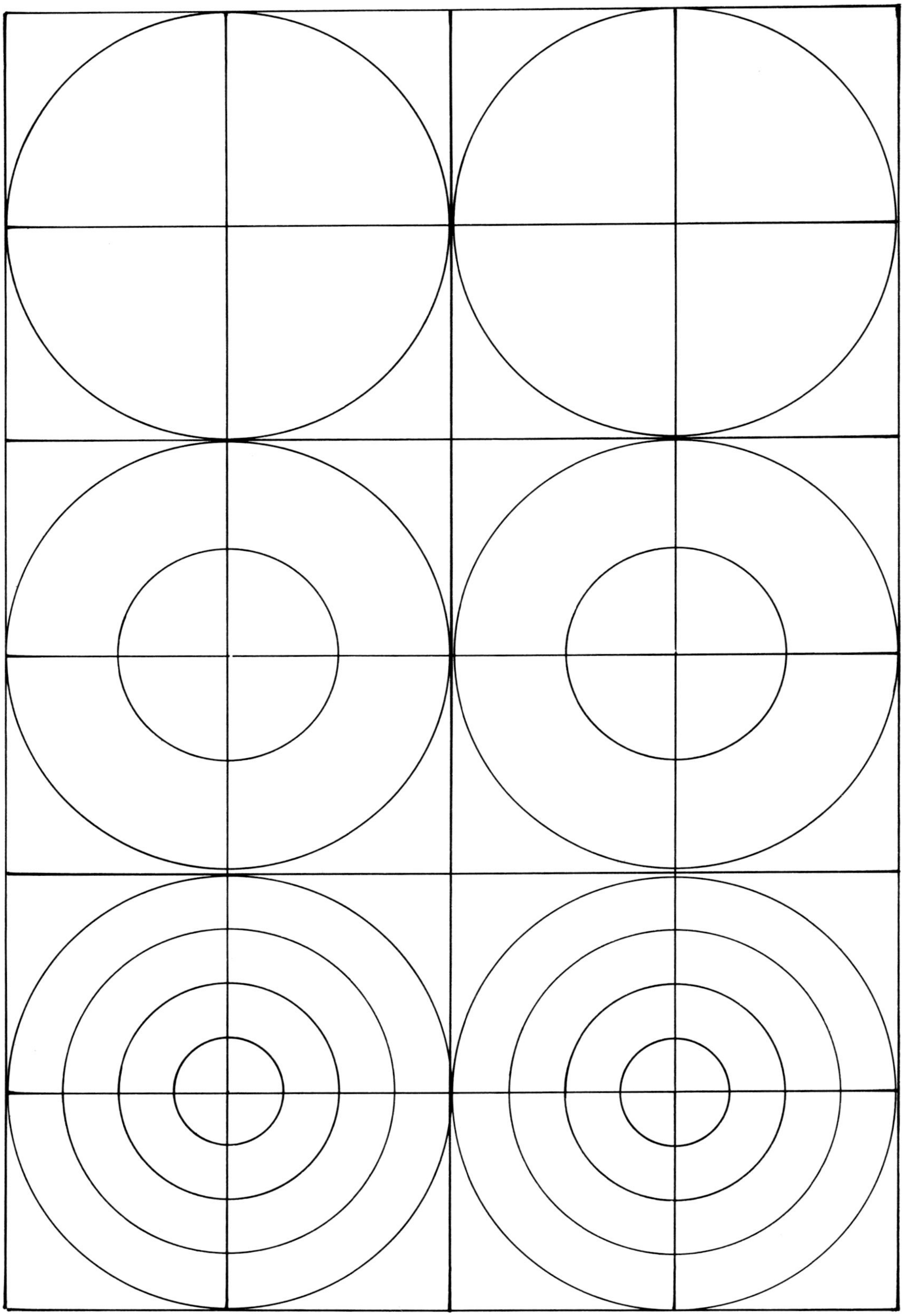

Abb. 120

5.11.7 FREIE MUSTER MIT RUNDEN SÄUMEN

Neben den traditionellen Mustern mit runden Säumen gibt es natürlich zahllose Möglichkeiten, auch eigene Blöcke zu entwickeln.
Michael James hat einen wahrscheinlich vom Drunkard's Path weiterentwickelten Block populär gemacht. Es geht hier um einen Block mit vier Viertelkreisen in gleichem Abstand voneinander. Durch Weglassen eines oder drei der Kreise hat James den Block variiert.

Zeichnen Sie sich ein Blatt mit Quadraten und Kreisen, wie abgebildet. Zerschneiden Sie das Blatt in einzelne Blöcke, und versuchen Sie, einen Entwurf von mindestens 16 Quadraten zu legen.
Haben Sie eine brauchbare Lösung gefunden, kleben Sie die Blöcke auf. Nun legen Sie ein Transparentpapier darüber und betonen die einzelnen Flächen durch unterschiedliche Grautöne.
Erarbeiten Sie mehrere Möglichkeiten.
Erst wenn Sie zufrieden sind, setzen Sie Ihren Entwurf in Farbe um.
Auf diese Weise wurde der kleine Quilt *Greenwich Green* gemacht oder auch der Quilt *Grapefruit* auf der nächsten Seite.

„Greenwich Green"
1981 von F. Kohlhaußen
92 x 92 cm

Einige Tips:
- Variieren Sie die Breite der Streifen.
- Verlegen Sie den Kreismittelpunkt von der Ecke weg nach außerhalb des Quadrats.
- Versuchen Sie, einen Block durch freihandgezogene runde Linien zu unterteilen.

Hier liegt ein großes Betätigungsfeld vor Ihnen! Weitere Beispiele für einen freihandgezeichneten Block sehen Sie auf Seite 121.

„Grapefruit“
1984 von F. Kohlhaußen
184 x 156 cm

„Sanddollar"
1984 von F. Kohlhaußen
188 x 150 cm

„Azalee“
1988 von F. Kohlhaußen
134 x 134 cm

linke Seite
„Sandy Tracks“
1986 von F. Kohlhaußen
236 x 166 cm

„Korund"
1988 von F. Kohlhaußen
144 x 144 cm

6. PATCHWORK-UMRANDUNG (FINISHING)

Das Zusammennähen der Patchworkoberseite für einen Quilt ist voller Spannung. Diese Spannung läßt in dem Moment nach, in dem die Oberseite fertig ist. Man möchte am liebsten gleich aufspannen, mit Füllung und Rückseite zusammenreihen und mit dem Quilten beginnen.
Aber das geht in den wenigsten Fällen. Es fehlt ein Rand, um das Werk vollständig zu machen. Ein Rand, der die Mitte betont, sie hervorhebt, sie umschließt, ja abschließt. Eben das I-Tüpfelchen am Quilt.
Lassen Sie sich von Ihrem Patchworktuch erzählen, was ihm nottut. Was wäre geeignet, um dem Muster einen Abschluß zu geben?
Wir können hier kein Patentrezept für gutes Gelingen geben, aber einige Überlegungen zeigen Ihnen sicherlich den Weg.

6.1 Allgemeine Überlegungen

Ein Rand kann in erster Linie dazu dienen, dem Quilt durch eine stabile Kante einen haltbaren Abschluß zu geben. Die Kanten werden als erstes durchgescheuert. Also sollte man dafür entweder einen festeren Stoff nehmen, oder die Kanten sollten gut auswechselbar sein.
Ein breiterer Rand kann die Funktion haben, den Quilt auf die gewünschte Größe zu bringen. Denn durch die Blocktechnik (normalerweise haben die Blöcke eine Größe von 30 x 30 oder 35 x 35 cm) kann es manchmal schwer sein, auf das richtige Maß zu kommen.
Darüber hinaus hat ein Rand, besser eine Umrandung, einen ästhetischen Wert. Er kann das Muster in der Mitte hervorheben, betonen, abschließen, beruhigen.
Es wurde gesagt, Sie sollten sich von Ihrem Quilt erzählen lassen, was er braucht. Damit ist gemeint, daß Sie Ihr Patchworktuch entweder an eine große Pinnwand heften oder in einem Raum auf den Boden legen. Nehmen Sie nun einen der verwendeten Stoffe, und bilden Sie einen Rand damit. Versuchen Sie dies auch mit anderen Stoffen, bis Sie herausgefunden haben, welcher Ihnen am besten gefällt.
Prüfen Sie, ob der Rand einfach und einfarbig, schmal oder breit oder auch gemustert sein sollte. Nehmen Sie ein Element aus Ihren Blöcken? Oder bringen Sie eine neue Form ein? Ein unruhiges Muster verlangt sicher nach einem ruhigen Abschluß und umgekehrt. Prüfen Sie, ob Ihr Rand durch seine starke Wirkung eventuell den inneren Teil des Quilts erdrückt oder ob er etwa zu schwach wirkt.
Sicher ist in der Gestaltung zwischen Gebrauchsquilts und solchen, die als Wandbehänge dienen, zu unterscheiden. Bei Wandbehängen spielt der Rand eine besondere Rolle.

Ausschnitt aus „Crib Quilt, rosa"
1987 von F. Kohlhaußen
100 x 100 cm

6.2 Praktische Überlegungen

Die Streifen für den Rand schneidet man im Fadenlauf zu. Sie können sie, wie Abbildung 121 zeigt, stumpf oder so wie in Abbildung 122, sie in einem Winkel aneinandernähen.

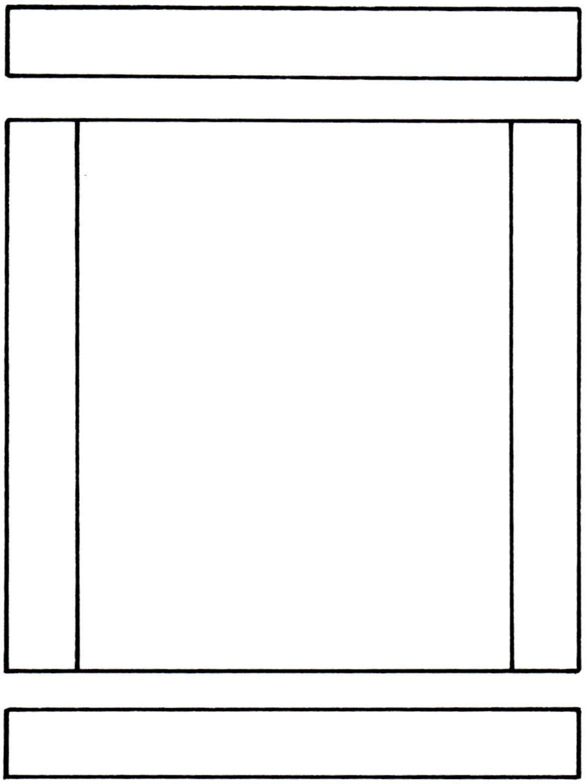

Abb. 121

Abb. 122

Bei den Amish-Quilts finden wir übrigens nur stumpf angesetzte Ränder. Meist umschließt ein schmaler Rand das innere Quadrat, und daran anschließend kommt ein sehr breiter Rand. In den Ecken findet man oft eingesetzte Quadrate. Ganz außen wird der Quilt mit einem schmalen, andersfarbigen Stoff eingefaßt.

Schrägstreifen verwendet man für den äußersten schmalen Rand.

Ausschnitt aus „Sanddollar"
1984 von F. Kohlhaußen
188 x 150 cm

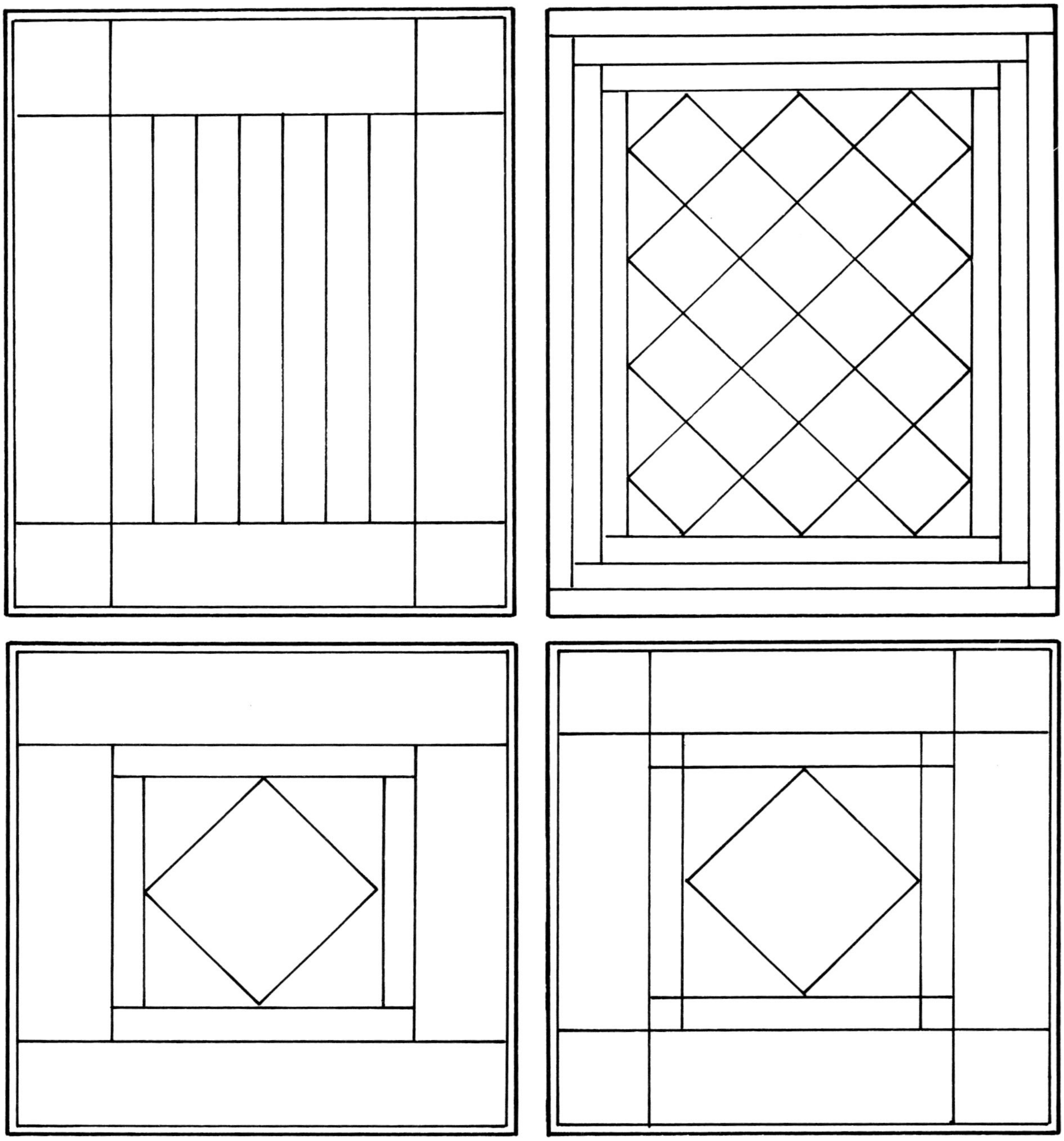

Abb. 123

Wollen Sie einen pieced-Rand arbeiten, so kann es bei noch so sorgfältigem Nähen Schwierigkeiten geben, exakt die Kantenlänge des Mittelstücks zu treffen. Nehmen Sie daher Elemente und Maße aus Ihren für den mittleren Teil verwendeten Blöcken.

Entwerfen Sie die Eckkonstruktion vorher, denn Eckpunkte sind Blickpunkte. Gerade dort sollte es passen. Bauen Sie in die Umrandung eine „Knautschzone“ ein, mit der Sie Ungenauigkeiten auffangen können, beispielsweise in den Ecken in Form eines einfarbigen Quadrats oder in der Mitte der Seiten durch ein anderes als das Randmuster.

Vieles ergibt sich aus der Oberflächengestaltung, wie im Kapitel „3. Wie entsteht ein Quilt?“, ausgeführt.

Bei den Medaillonquilts spielen Rand bzw. Ränder eine ganz große Rolle. Hier reihen sich um ein besonders schönes Mittelstück mehrere unterschiedliche Randstreifen.

„Kimonostoffe einmal anders"
1988 von F. Kohlhaußen
144 x 144 cm

7. QUILTING

7.1 Das Vorbereiten der Rückseite

Nachdem nun wirklich die gesamte Oberfläche fertiggestellt ist, bereiten Sie die Rückseite vor. Je nach Größe des Quilts müssen zwei Stoffbahnen längs zusammengenäht werden oder drei Bahnen quer. Die Rückseite sollte etwas größer ausfallen als die Vorderseite.

Zur Stoffwahl sei gesagt: Für Anfänger ist ein gemustertes Gewebe günstig, da die eventuell noch nicht so ebenmäßig ausfallenden Stiche weniger auffallen. Ansonsten nehmen Sie einen Stoff, der zur Vorderseite paßt. Natürlich sollte er auch von leichter Qualität sein, damit das Steppen einfach geht.

7.1.1 METHODE 1

7.1.1.1 Spannen

Die gebügelte Rückseite wird mit Klebekreppband auf den Boden gespannt. Die Abseite bzw. die Nähte zeigen nach oben.
Darauf breiten Sie das Vlies aus. (In Amerika heißt dieses Material *batting* und wird in allen Bettgrößen verkauft.) Die hier erhältliche Steppwatte, die es am Meter gibt und die 160 cm breit ist, reicht womöglich für einen Doppelbettquilt nicht aus. Man muß anstückeln: Das Material wird Kante an Kante aufgelegt und mit einem Hexenstich verbunden. Streichen Sie die Füllung schön glatt.
Nun legen Sie die gebügelte Oberseite des Quilts darauf. Am besten macht sich das zu zweit. Alle drei Lagen sollten an allen Kanten ordentlich übereinanderliegen. Auch die Oberseite befestigen und straffen Sie wieder am Boden mit Klebekreppband. (Meist steht kein so großer Tisch zur Verfügung, so daß keine andere Wahl als der Fußboden bleibt. Aber Vorsicht bei Teppichboden aus Schlingenware! Man könnte ihn mit festnähen!)

7.1.1.2 Reihen

Nun beginnen Sie von der Mitte aus, auf dem Boden kniend, mit einem Reihfaden sternförmig alle drei Lagen zu fixieren. Bei großen Stücken ist anzuraten, auch noch einige Reihen parallel zum Rand zu nähen (Abb. 124).
Alle 15–20 cm sollte ein Reihfaden durch die Arbeit laufen. Rufen Sie Ihre Töchter oder Freundinnen zur Hilfe, damit dieser Teil fröhlich und schnell vorübergeht.
Ist der Quilt geheftet, ziehen Sie die Klebestreifen ab und nehmen ihn hoch. Nun kann das Quilten beginnen.

7.1.2 METHODE 2

Manche ziehen es vor, Block für Block fertigzustellen und auch einzeln zu quilten. Hier gilt für die kleinen Teile das gleiche Prinzip: spannen, reihen, quilten.
Die fertigen Blöcke nähen Sie wie folgt zusammen:
Stecken Sie die Vorderseiten der beiden Blöcke zusammen, und nähen Sie darüber. Klappen Sie die Teile auseinander, mit der Rückseite nach oben.
Schneiden Sie die Steppwatte so zurück, daß die Kanten aneinanderstoßen, aber nicht aufeinanderliegen.
Nun streichen Sie eine Rückseite (die des einen Blocks) glatt, knicken bei der anderen die Nahtzugabe um und nähen von Hand die Naht zu.
Gehen Sie reihenweise vor, und achten Sie darauf, daß die Naht der Rückseiten nach der gleichen Seite zeigt. Einen Quilt auf diese Weise fertigzustellen, hat, ebenso wie die 1. Methode, Vor- und Nachteile. Entscheiden Sie sich für die Methode, die Ihnen persönlich mehr zusagt.

Abb. 124

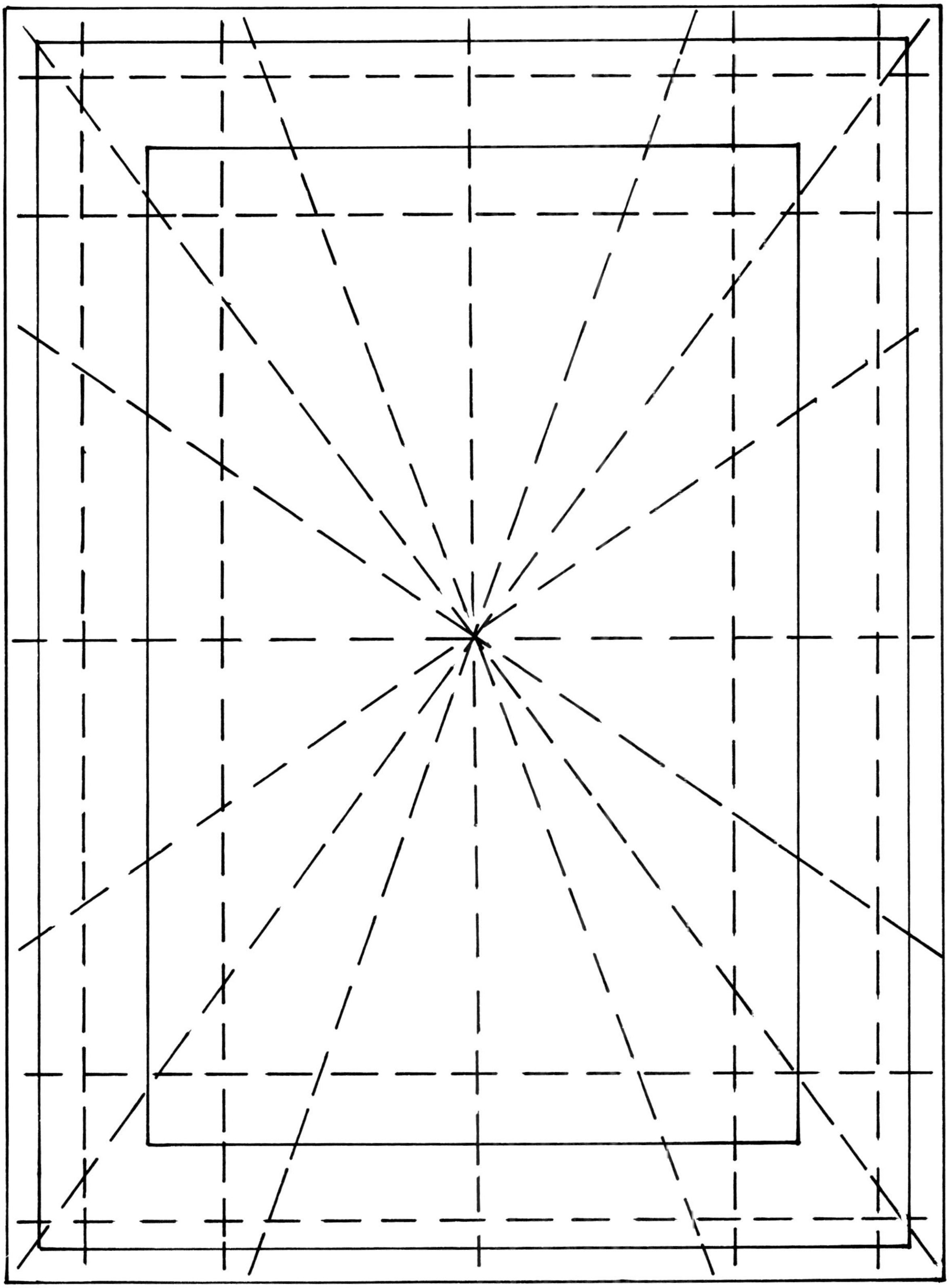

7.2. Das Markieren

Und nun zum Markieren der Linien. Auch hier gibt es unterschiedliche Auffassungen. Manche schwören darauf, ihren Stoff vor dem Zusammenreihen des Quilts zu zeichnen. Wir machen es hinterher.
Oft muß man den Quilt immer wieder betrachten, um herauszufinden, wie man ihn steppen will.
Wie auch immer, eins steht fest: Die Linien sollten so wenig wie möglich sichtbar sein. Helle Stoffe können Sie mit gepunkteten Bleistiftstrichen markieren. Für dunkle Stoffe nimmt man am besten ein Stück dünne Seife. Diese Linie verwischt sich schnell. Zeichnen Sie daher nur stückweise vor.
Übrigens werden in Nähgeschäften Stifte angeboten, deren Linien nach zwei Stunden von selbst verschwinden oder die sich mit einem feuchten Tuch entfernen lassen. Sie können sie gern verwenden, aber sie trocknen relativ schnell aus.
Eine andere Möglichkeit ist, eine Papierschablone aufzustecken, um die Sie herumsteppen können.
Klebekreppband kann für eine gerade Steppnaht als gute Richtlinie dienen. Aber lassen Sie die Klebestreifen nur kurze Zeit auf dem Quilt, denn sonst bleiben womöglich klebrige Rückstände haften.
Ganz ohne Hilfsmittel kommen Sie aus, wenn Sie in den Nähten oder parallel im Abstand von 6–7 mm steppen.

7.3. Steppmuster

Am besten, Sie studieren die schönsten Quiltmuster an alten Objekten. Häufig sind die Abbildungen in Büchern so gut, daß Sie auch die Steppstiche erkennen können.
Die Abbildung 126 zeigt eine Auswahl beliebter Steppmuster. Aber auch Blumenmuster, Herzen und Mäander wirken sehr dekorativ.
Denken Sie sich auch selbst Stepplinien aus, die entweder Ihr Patchworkmuster unterstreichen oder konträr verlaufen.

7.4 Trapunto-Technik

Ganz besonders plastisch wirken in *Trapunto*-Technik gearbeitete Quilts. Sie sind typischerweise einfarbig. Bei dieser Technik werden die zwischen den Stepplinien liegenden Flächen von hinten noch zusätzlich ausgestopft, indem man die Fäden des Gewebes auf der Rückseite auseinanderdrückt und so ein Loch zum Stopfen erhält. Oder man macht einen kleinen Schnitt, der danach wieder zugenäht werden muß.
Bei linearen Mustern zieht man zwischen Vorderseite und zusätzlichem Zwischengewebe einen dicken Wollfaden ein. Um dem Faden den nötigen Spielraum zu geben, läßt man nach jeder Nadellänge eine Schlaufe stehen (Abb. 125).

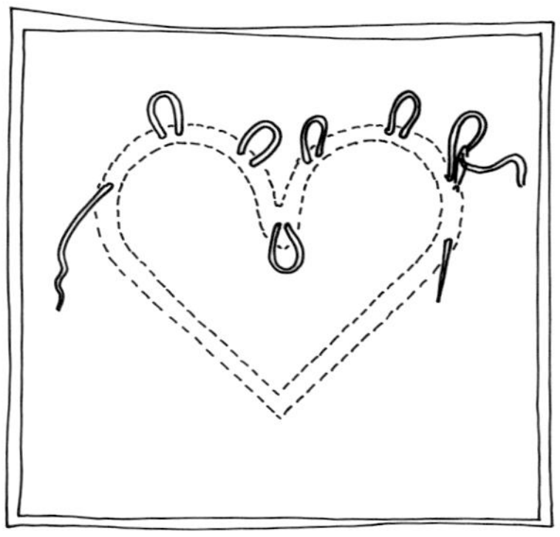

Abb. 125

7.5 Steppabstand

Eine Vorschrift, wie gesteppt werden sollte, gibt es nicht. Das ist eine Frage des Geschmacks.
Früher, als noch lose Wolle oder Baumwolle als Füllung verwendet wurde, mußte man sehr eng quilten, um ein Verrutschen der wärmenden Schicht zu vermeiden. Heute können wir die Steppwatte am laufenden Meter kaufen, und es ist nicht mehr notwendig, sehr eng zu quilten. Ein Abstand von 10–15 cm ist ausreichend. Und doch ist es schön, wenn reichhaltig gesteppt wird, denn über die Funktion des Festhaltens hinaus erfüllt das Quilten auch einen dekorativen Zweck.

Abb. 126

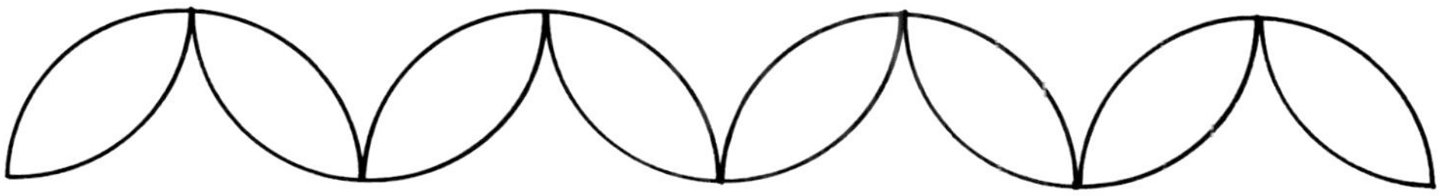

Bogenmuster

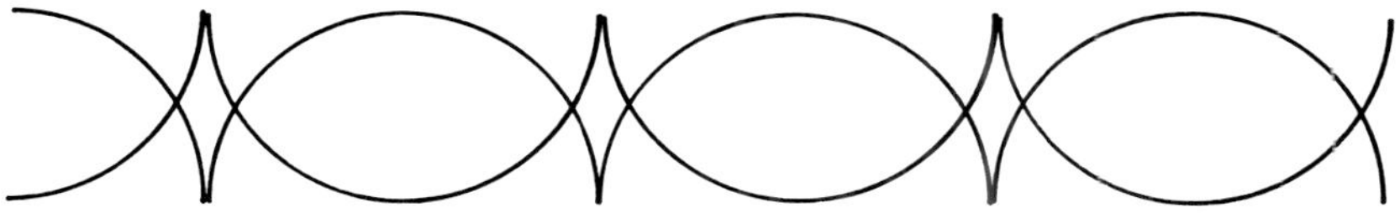

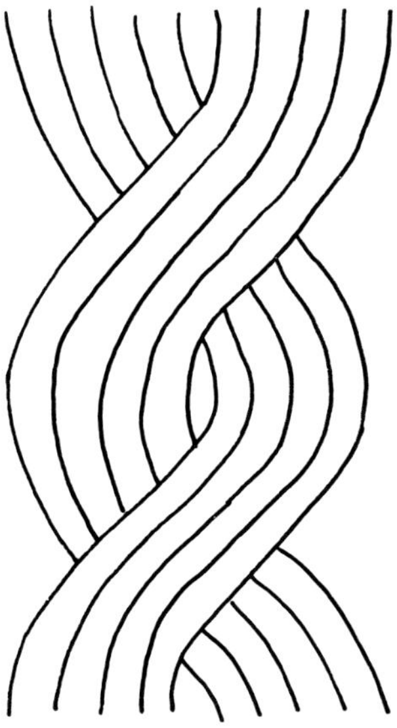

Bogenmuster

Federmuster in Kranzform

Muschelmuster

Federmuster

7.6 Quiltrahmen

In Amerika hat man große Quiltrahmen, an denen mehrere Personen, die *Quilting Bees,* arbeiten können. Es ist eine Raumfrage. Da man in der Regel nicht so viele fleißige Helferinnen hat, würde das Gestell für zu lange Zeit zu viel Raum beanspruchen. Darum ist ein runder Quiltrahmen in handlicher Größe mit einem Durchmesser von 35 cm empfehlenswert (es gibt auch andere Größen).

7.7 Technik des Quiltens

Beginnen Sie immer mit dem Steppen in der Mitte des Quilts. Fädeln Sie das Garn in eine kurze Nadel (2,8 cm), und machen Sie einen doppelten Knoten ins Fadenende. Stechen Sie 1 – 1 1/2 cm entfernt von dem Punkt in den Stoff, an dem Sie beginnen wollen. Kommen Sie dicht bei diesem Punkt mit der Nadel wieder heraus. Versuchen Sie, den Knoten zwischen die Steppwatte in den Stoff zu ziehen. Eventuell etwas mit der Nadelspitze nachhelfen! Machen Sie einen kleinen Stich zurück, und schieben Sie nun mit dem Mittelfinger durch Auf- und Abbewegungen die Nadel vorwärts.

Wenn Sie drei oder vier Stiche auf einmal machen können, wird die Linie gerader, als wenn Sie jeden Stich für sich machen.

Tragen Sie auf dem Mittelfinger der rechten Hand einen Fingerhut. Die linke Hand liegt unter der Decke. Sie fühlt, ob die Nadel durchgekommen ist. Auch an dieser Hand sollten Sie den Zeige- oder Mittelfinger mit einem Fingerhut schützen.

Das Ende des Fadens muß gut verwahrt werden. Ein kleiner Rückwärtsstich genügt, danach fahren Sie so lange wie möglich zwischen den Lagen hindurch. Sie können auch wieder einen Knoten machen, der in der Steppwatte einen besseren Halt findet als ein loses Fadenende.

7.8 Abbindemethode

Für diejenigen, die nicht steppen wollen oder können, gibt es die Abbindemethode. Die drei Lagen eines Quilts werden hier durch viele Knoten zusammengehalten.

Wir unterscheiden eine unsichtbare Technik und eine sichtbare, die gleichzeitig auch noch Dekoration sein kann.

Wie ein Raster überziehen diese Fixpunkte den ganzen Quilt. Nähen Sie die drei Lagen so zusammen, wie man einen Knopf annäht. Wenn Sie mögen, lassen Sie die Enden eines dekorativen Fadens als Quaste stehen – vorher natürlich verknotet. Nach dem Quilten oder Abbinden kommt noch das Versäubern der Kanten. Wieder gibt es drei Möglichkeiten: Einen Streifen gegen die Vorderseite steppen, umschlagen und von Hand gegennähen (diese Randbefestigung ist austauschbar); Rückseite (in diesem Fall sollte sie groß genug zugeschnitten sein) nach vorn schlagen und gegennähen; Vorderseite nach hinten umschlagen und gegennähen.

Nun signieren Sie noch Ihr Meisterstück und versehen es mit dem Datum. Ihre Nachfahren werden Ihnen dafür dankbar sein.

8. APPLIKATIONEN

Das Applizieren, das heißt, Aufsetzen von Stoffstücken *(patches)* auf einen Untergrund, ist so alt wie das Gewebe überhaupt. Früher – wie heute auch noch – schloß man durch Aufsetzen von Stoffstücken Löcher. Und aufgesetzte Stoffstücke dienen ebenso zum Verstärken. Denken Sie an die Ellbogen von Pullovern und Jacken oder an die Knie von Kinderhosen.
Die ersten amerikanischen Appliquéquilts stammen aus dem 18. Jahrhundert. Im Gegensatz zu den Patchworkquilts wurden sie weniger zum Gebrauch als zur Zierde angefertigt. Das leuchtet ein, wenn man die mühevolle Arbeit betrachtet und die kostbaren Stoffe, die verwendet wurden. Diese Quilts kamen in Mode, als die indischen Baumwollstoffe, auch die Chintze, mit Einfuhrverboten belegt wurden, also knapp und teuer waren. Man schnitt Motive wie Blumen, Vögel und dergleichen aus und nähte sie auf einheimische Stoffe, die billiger und besser erhältlich waren. Auf diese Weise ließ sich der kostbare Stoff verlängern.
Viele traditionelle Appliquémuster finden Sie in Büchern abgebildet. Oder Sie studieren bei Ausstellungen die Originale. Für eigene Entwürfe werden der Phantasie keine Grenzen gesetzt. Wer nicht gut zeichnen kann, sollte sich an die Abbildungen in Kinderbüchern für das Vorschulalter halten. Es kommt darauf an, möglichst einfache Formen zu wählen.

8.1 Das Anfertigen von Appliqué

Haben Sie sich für ein Muster entschieden, so fertigen Sie eine entsprechende Schablone an. Auch hier sind es die leichten Baumwollstoffe, die sich am besten verarbeiten lassen.
Legen Sie die Schablone(n) diesmal auf die Vorderseite des Stoffes, so daß der Bleistiftstrich sichtbar ist. Es erleichtert Ihnen das Umknicken der Nahtzugabe.

Die zugeschnittenen Teile ordnen Sie auf Ihrem Block an und heften sie mit einem Reihfaden fest. Nun beginnen Sie, die Nahtzugabe umzuknicken – das kann auch, und in manchen Fällen ist es sogar ratsam, vor dem Aufheften geschehen – und den Stoff mit einem Saumstich, möglichst unsichtbar, festzunähen.
Dort, wo sich Teile überlappen, wird nur bei dem oberen Stück die Nahtzugabe umgelegt.
Rundungen müssen eingeschnitten werden. Bei nach außen gebogenen Rundungen schneiden Sie kleine Keile heraus, bei nach innen gebogenen genügen kleine Einschnitte. Niemals über die Naht hinaus einschneiden!
Die applizierten Blumen oder ähnliches können beliebig mit dekorativen Stickstichen wie Knopflochstich, Kettenstich und Stielstich ergänzt werden. Kombinieren läßt sich natürlich auch Patchwork und Appliqué. Eine ganze Reihe der Muster sind sogar so angelegt, wie zum Beispiel Basket und Dresden Plate. Gequiltet werden Appliquéblöcke unmittelbar neben der Naht. Dadurch heben sich die Motive sehr plastisch vom Hintergrund ab.
Eine besondere Gruppe, die hier erwähnt werden sollte, sind die *Hawaiian Quilts.* Sie sind grundsätzlich zweifarbig: Auf einem einfarbigen, durchgehenden Stoff wird praktisch ein andersfarbiger Scherenschnitt appliziert. Die verwendeten Motive sind symbolisch und kehren in unterschiedlichen Kombinationen wieder. Das Motiv wird durch Quiltlinien in mehreren Reihen wie ein Echo wiederholt. *Echo-Quilting* ist ein fester Begriff.

Mola
Entstehungsjahr unbekannt
im Besitz von F. Kohlhaußen
50 x 38 cm

8.2 Molatechnik (Reverse Appliqué)

Reverse Appliqué (also „umgekehrte“ Applikation) geht nicht nur auf die Cuna-Indianer von Panama und Kolumbien zurück. Diese Technik wurde schon immer, hier und da, in Verbindung mit Appliquéarbeiten angewendet. Doch die von den Cunafrauen in ihren leuchtenden Sarongs, mit den traditionellen goldenen Ringen durch die Nase und Perlenschnüren um Arme und Beine, genähten Molablusen sind berühmt für ihr ausdrucksvolles Design – primitive Kunst, gepaart mit erfrischender natürlicher Freiheit.

Vor 100 Jahren bemalten die Cunas noch ihre Körper. Heute bleibt davon allenfalls ein schwarzer Strich auf der Nase. Die ersten abstrakten Muster wurden mit einem weichgekauten Stock, der als Pinsel diente, mit Indigoblau auf die Körper gemalt: Boote, Inseln, Vögel, Bäume, Affen. Heute finden wir diese linearen Zeichnungen auf den Molas wieder, doch sind die Muster vielfältiger und detaillierter geworden.

Die Entwicklung der Molas begann mit einer Borte in Reverse Appliqué am Saum einer Bluse. Aber der Rand wurde breiter, und bald füllte eine „Zeichnung“ das Vorderteil der Bluse aus. Die Hauptfarben waren zunächst Rot, Schwarz und Orange. Bei den Molas gibt es keine ungenutzten Flächen. Freiräume werden mit länglichen Einschnitten ausgefüllt. Alles aus dem täglichen Leben wird dargestellt: ein Adler, eine Schildkröte und heutzutage auch ein Hubschrauber.

„Mola"
Entstehungsjahr unbekannt
im Besitz von F. Kohlhaußen
50 x 38 cm

8.2.1 WIE ENTSTEHT EINE MOLA?

Nehmen Sie zwischen drei und sieben Stücke Baumwollstoff nach Farben sortiert, wie Ihr Entwurf es vorsieht. Heften Sie sämtliche Lagen mit Reihfaden aufeinander.
In die oberste Schicht schneidet nun eine Cunafrau ihr Ornament, ohne es vorzuzeichnen. Wir übertragen besser unsere Zeichnung und halten uns daran. Die Kanten werden umgeschlagen, wenn nötig eingeschnitten und festgenäht. Möchten Sie zusätzlich zu den drei Farben noch eine vierte oder fünfte haben, so können Sie in die geschnittenen Öffnungen ein Stückchen Stoff hineinschieben und festnähen.
Nun kommt die zweite Lage an die Reihe: Parallel zu den ersten Nähten, nur nach innen versetzt, schneidet man die Kontur auch in den zweiten Stoff. Wieder schlägt man das Material etwas um und näht es fest. Die freien Flächen füllen die für Molas so charakteristischen länglich-ovalen Schlitze aus.
Nie wird der unterste Stoff zerschnitten. Er ist notwendig, um der Mola Halt zu geben. Eventuell ist es sogar ratsam, hierfür ein stärkeres Gewebe zu verwenden.
Sooft Sie möchten, können Sie eine weitere Farbe einschieben. Dies trägt nicht so auf, als wenn man der tatsächlichen Anzahl von Farben entsprechend vielleicht sieben Stoffe übereinanderlegt.
Sie können verschiedene Molas auch zu einem Quilt zusammennähen. Ganz besonders hübsch wirkt diese Technik allerdings an Kleidungsstücken.
Gute, alte Molas sind heute nur noch schwer zu finden, da sie zur Touristenattraktion geworden sind. Die Nachfrage ist groß, und darunter leidet die Qualität.

9. DIE PFLEGE VON PATCHWORKQUILTS

Einen neuen Quilt zu waschen, ist kein Problem, wenn Sie Ihn gut genäht und die Stoffe vorgewaschen haben. Farbige Baumwollstoffe kann man bis zu 60 °C waschen; da aber die Füllung eines Quilts oft aus Polyester besteht, müssen Sie sich nach der Temperatur richten, die die Steppwatte verträgt, also 30–40 °C. Überhaupt sollten Sie sich immer nach dem empfindlichsten Material richten, dann kann nichts schiefgehen.
Stecken Sie Ihren Quilt also getrost in die Waschmaschine, und wählen Sie den Schon- oder Wollwaschgang. Manche geben den Quilt hinterher sogar in den Trockner. Aber wir raten zur Vorsicht, weil die Steppwatte zu hohe Temperaturen nicht verträgt.

Hängen Sie Ihren Quilt lieber über mehrere Leinen zum Trocknen auf.
Nie nach dem Bügeleisen greifen! Die Steppwatte würde es übelnehmen. Außerdem könnte Bügeln einem Quilt seinen flauschigen Charakter nehmen.

Ältere Quilts und besonders solche, von denen man nicht weiß, ob sie farbecht sind, müssen mit äußerster Vorsicht behandelt werden. Waschen Sie sie wie einen Pullover in der Badewanne. Aber heben Sie den vollgesogenen Quilt nicht heraus, sondern lassen Sie das Wasser einfach ab. Das Gewicht eines nassen Quilts zerrt an den Nähten und Stoffen. Drücken Sie ihn also nur behutsam mit den Händen aus, und spülen Sie ihn gründlich.
Vorsicht: Lassen Sie auch den Quilt nicht zu lange im Wasser liegen! Es könnte sein, daß einer der Stoffe doch ausfärbt.

Alte Quilts, die schon etwas brüchig sind, sollten Sie – allenfalls – in die Reinigung geben. Aber auch hier Vorsicht, denn schonende, gründliche Reinigung ist Vertrauenssache!

Das Beste, was einem Quilt passieren kann, ist, daß er benutzt wird! Als Decke oder Wandbehang liegt oder hängt er flach und erhält ausreichend frische Luft.

Heben Sie Ihren Quilt im Schrank oder in einer Truhe auf, so sollten Sie das gute Stück mindestens zweimal im Jahr gut lüften und immer anders falten als vorher. Besonders schonend bewahren Sie Quilts auf, wenn Sie sie über eine dicke Papp- oder Holzrolle wickeln, die stehend oder liegend verwahrt wird.

Problem: Steppwatte fusselt
Hin und wieder werden Sie feststellen, daß sich bei manchen Stoffen die Fasern der Steppwatte durch das Gewebe hindurch nach außen schieben. Es sieht einfach unschön aus. Und beginnt man, die Fussel abzuziehen, kommen immer mehr nach! Bei dunklen Quilts fällt das natürlich besonders auf.
Um dem vorzubeugen, gibt es in Amerika ein spezielles Füllmaterial *(bounded batting),* dessen Oberfläche besonders behandelt wurde. Doch nach mehreren Wäschen verhält sich auch dieses Material wie normale Steppwatte.
Wie können Sie diesem Problem vorbeugen? Unsere Beobachtungen zeigen, daß es bei der Verarbeitung eng gewebter Baumwollstoffe weniger Schwierigkeiten gibt als bei polyesterhaltigen Stoffen.

rechte Seite:
Ausschnitt aus „Flic-Flac"
1990 von Dorle Stern-Straeter
115 x 115 cm

10. LITERATURVERZEICHNIS

BETTERTON, Shiela: QUILTS AND COVERLETS FROM THE AMERICAN MUSEUM IN BRITAIN; Butler & Tanner, Ltd., Frome und London (1978), Neuaufl. 1982

BEYER, Jinny: PATCHWORK PATTERNS; (1979) Bell & Hyman Ltd., London 1982

BEYER, Jinny: THE QUILTER'S ALBUM OF BLOCKS AND BORDERS; (1980) Bell & Hyman Ltd., London 1982

BEYER, Jinny: MEDALLION QUILTS; EPM Publications, Inc., McLean, Va. USA 1982

BISHOP, Robert: NEW DISCOVERIES IN AMERICAN QUILTS; E. P. Dutton & Company, Inc., New York 1975

BISHOP, Robert u. SAFANDA, Elisabeth: A GALLERY OF AMISH QUILTS; E. P. Dutton & Company, Inc., New York 1976

COLBY, Averil: PATCHWORK QUILTS; B. T. Batsford, Ltd., London 1965

COLBY, Averil: QUILTING; B. T. Batsford, Ltd., London 1972

COLBY, Averil: PATCHWORK; B. T. Batsford, Ltd., London (1958), 8. Aufl. 1973

CUTBUSH, Margery: QUILTING. A Step-by-Step Guide; The Hamlyn Publishing Group Ltd., London 1974

FINLEY, Ruth E.: OLD PATCHWORK QUILTS; Charles T. Branford Co., Newton Centre, Mass. (1929), Neuaufl. 1970

GREIDER BRADKIN, Cheryl: THE SEMINOLE PATCHWORK BOOK; A Yours Truly Publication, Atlanta, Ga., 2. Aufl. 1980

GUTCHEON, Beth: THE PERFECT PATCHWORK PRIMER; (1973) Penguin Books, Ltd., Harmondsworth, Middlesex (1974), Neuaufl. 1979

GUTCHEON, Jeffrey: DIAMOND PATCHWORK; Alchemy Press, New York 1982

HOLSTEIN, Jonathan: AMERICAN PIECED QUILTS; The Viking Press, New York (1972), Neuaufl. 1973

HOLSTEIN, Jonathan: THE PIECED QUILT AN AMERICAN DESIGN TRADITION; New York Graphic Society, Boston, Massachusetts 1973, Neuaufl. 1979

HORTON, Roberta: AN AMISH ADVENTURE. A Workbook for Color in Quilts; C & T Publishing, Lafayette, ca. 1983

HOUCK, Carter u. MILLER, Myron: AMERICAN QUILTS AND HOW TO MAKE THEM; Charles Scribner's Sons, New York 1975

JAMES, Michael: THE SECOND QUILTMAKER'S HANDBOOK. Creative Approaches to Contemporary Quilt Design; Prentice-Hall, Inc., Englewood Cliffs, N. J. 1981

KAPP, Kit S.: MOLA ART FROM THE SAN BLAS ISLANDS; K. S. Kapp Publications, North Bend, Ohio, 1972

MATTERN-PABEL, Petra: PATCHWORK-QUILT – Geschichte und Formentwicklung; Verlag M. & H. Schaper, Hannover 1981

MCNEILL, Moyra: QUILTING FOR TODAY; Bills & Boon Ltd., London 1975

NEWMAN,, Thelma R.: TRAPUNTO. Traditional Methods and Original Designs; Crown Publishers, Inc., New York 1974

NIELD, Dorothea: ADVENTURES IN PATCHWORK; Mills & Boon Ltd., London 1975

OSLER, Dorothy: MACHINE PATCHWORK – Technique and Design; B. T. Batsford, Ltd., London 1980

PELLMAN, Rachel T. u. RANCK, Joanne: QUILTS AMONG THE PLAIN PEOPLE; People's Place Booklet Nr. 4, Good Books, Lancaster, Pa. 1981

REICHELT-JORDAN, Margit: PATCHWORK UND APPLIKATIONEN; Wilhelm Heyne Verlag, München 1982

VON ROEMER, Barbara: PATCHWORK UND QUILTS; Verlag Paul Haupt, Bern u. Stuttgart 1982

SAFFORD, Carleton L. u. BISHOP, Robert: AMERICA'S QUILTS AND COVERLETS; E. P. Dutton, New York 1980

STAUB-WACHSMUTH, Brigitte: PATCHWORK. Wege zu textiler Kunst; F. Englisch Verlag, Wiesbaden, 1989

WIECHEC, Philomena: CELTIC QUILT DESIGNS; Celtic Design Co., Saratoga, ca. 1980

WOODARD, Thomas K. u. GREENSTEIN, Blanche: CRIB QUILTS AND OTHER SMALL WONDERS; E. P. Dutton, New York 1981

„100 Taschen"
1990 von F. Kohlhaußen
114 x 114 cm

YOUNG, Blanche u. YOUNG, Helen: THE LONE STAR QUILT HANDBOOK; Young Publications, Oak View, ca. 1979

SIENKIEWICZ, Elly: SPOKEN WITHOUT A WORD; The Turtle Hill Press, Washington 1983

VON GWINNER, Schnuppe: DIE GESCHICHTE DES PATCHWORKQUILTS; Keyser Verlag, München 1987

11. VERZEICHNIS DER ABGEBILDETEN QUILTS

Soweit nicht anders angegeben stammen die Quilts von der Autorin Friederike Kohlhaußen.

Quilts für besondere Anlässe:

Crib Quilt:
Crib Quilt, rosa, 1987, 100 x 100 cm
Baby Quilt, hellblau, 1989, 83 x 110 cm

Friendship Quilt:
Bootchenquilt, 1981, 180 x 210 cm

Städtequilt:
Bad Homburg Quilt, 1983, Gemeinschaftsarbeit

Baltimore Album Quilt:
Baltimore Album Quilt, 1987, Gemeinschaftsarbeit der Bad Homburger Gruppe

Amish Quilt:
Amish Quilt, blau, weinrot, 1981, 114 x 114 cm
Old Fellows Patch, 1988, 179 x 235 cm, Gemeinschaftsarbeit
Sunshine and Shadow, 1988, 260 x 260 cm

Crazy Quilt:
Crazy Quilt von 1892, 160 x 182 cm, im Besitz von Ulrike Marcus
Flic Flac, 1990, 115 x 115 cm, Dorle Stern-Straeter

Applikationsquilt:
1001 Blatt, 1988, 160 x 225 cm, Gundula Mohnhaus-Weidert

Gestaltung:
Sternequilt, 1981, 170 x 230 cm
Clays Choice, 1982, 154 x 230 cm

Sechseck:
Blütenmeer, 1988, 141 x 200 cm, Helga Weise
Baby Block, 1984, 143 x 235 cm
Inner City, 1984, 105 x 140 cm
Shoowa Inspiration, 1991, 158 x 222 cm
Kartenhaus, 1988, 148 x 122 cm

Log Cabin:
Log Cabin, 1985, 175 x 265 cm
Courthouse Steps, Seidenquilt, 1986, 212 x 280 cm, Erika Odemer

Achtzackiger Stern:
Kaleidoskop, 1983, 232 x 227 cm
Rolling City Center, 1984, 108 x 108 cm
Double Star, 1987, 215 x 215 cm, Gisela Clauss
Lone Star, 1982, 112 x 112 cm
Christophs Quilt, 1983, 156 x 226 cm
Magnetfeld, 1987, 123 x 123 cm

Seminole:
3 Kissen, 1988, 40 x 40 cm
Babyquilt, blau, weinrot, 1990, 140 x 117 cm
Babyquilt, 1990, 122 x 108 cm
Weihnachtsdecke, 1990, 91 x 91 cm

Sondermuster

Bäume:
Kissen, 1985, 40 x 40 cm

Spirale:
Snail Trail, 1985, 136 x 136 cm
Quilt Spirale

Storm at Sea:
Storm At Sea, 1982, 170 x 170 cm
Storm At Sea, 1986, 270 x 250 cm

Restequilts:
Quilt, grau, rosa, 1989, 135 x 235 cm
Restequilt, 1988, 142 x 247 cm
Pfeilequilt, 1988, 270 x 240 cm

Muster mit runden Nähten:
Fächer, 1984, 142 x 162 cm, Christine Wagner
Sunset, 1981, 140 x 140 cm
Peanuts, 1987, 117 x 117 cm
Französischer Garten, 1984, 108 x 140 cm
Greenwich Green, 1981, 92 x 92 cm
Grapefruit, 1984, 184x 156 cm
Sanddollar, 1984, 188 x 150 cm
Sandy Tracks, 1986, 236 x 166 cm
Azalee, 1988, 134 x 134 cm

Freie Arbeiten:
Korund, 1988, 144 x 144 cm
Kimonostoffe, 1988, 144 x 144 cm
Kakimono, 1990, 85 x 206 cm
Bunte Würfel, 1990, 99 x 98 cm
Mexico, 1989, 140 x 220 cm

Umschlag:
100 Taschen, 1990, 114 x 114 cm

Mola:
Mola, 50 x 38 cm, Entstehungsjahr unbekannt, im Besitz von Friederike Kohlhaußen